DAS ANIMATEUR-

HANDBUCH

interconnections

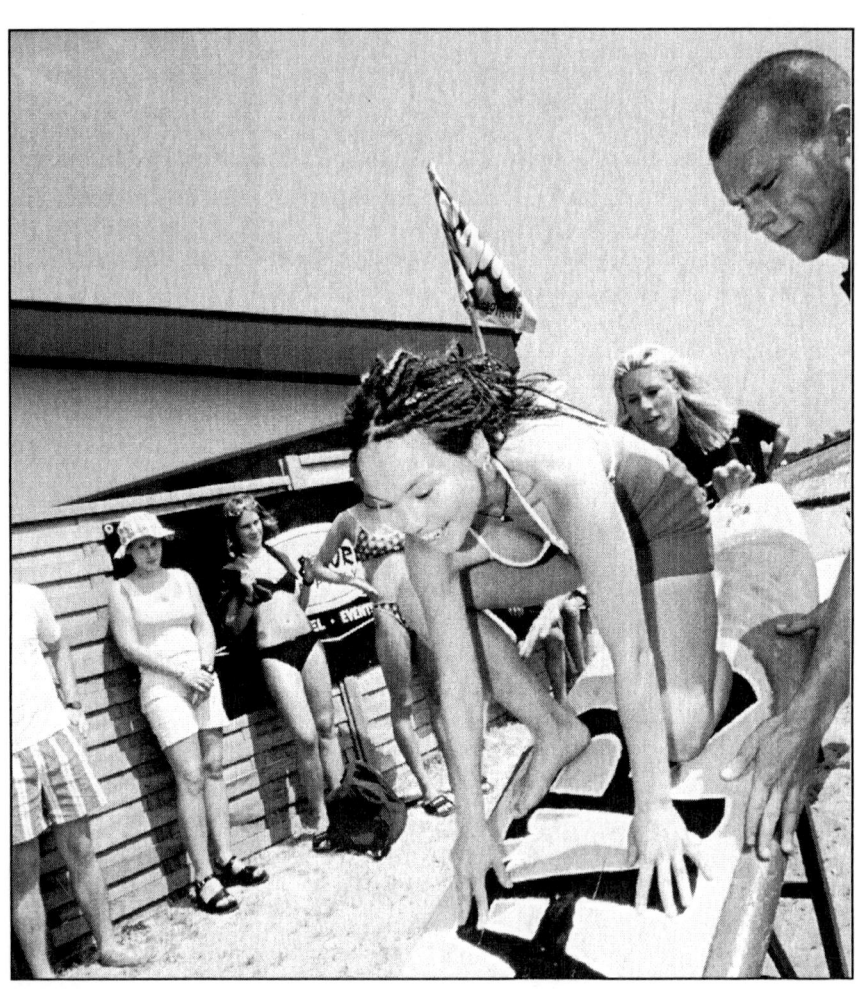

DAS ANIMATEUR-HANDBUCH

Gästebetreuung weltweit

Bewerbung, Ausbildung, Tipps und Adressen

Georg Beckmannn

interconnections

Der Verlag sucht Erfahrungsberichte von Animateuren, Reiseleitern,
Servicepersonal u.a. im Tourismus tätigen Personen.
Gesucht werden ferner weitere Manuskripte zu Sachbuch- und Reisethemen,
sowie auch interessante Biographien.

Impressum

Reihe Jobs und Praktika, Band 33

Georg Beckmann

Das Animateur-Handbuch - Gästebetreuung weltweit
Bewerbung, Ausbildung, Tipps und Adressen

Vorauflage v. Drina Kunkel, Sandra Kreuziger
copyright interconnections Freiburg

2014 — 2013

Fotos mit freundlicher Genehmigung
S. 83, Ski & Surf
S. 130 TUI

interconnections

Schillerstr. 44, 79102 Freiburg,
Tel. +49 761 700 650, Fax +49 761 700 688
info@interconnections.de
www.interconnections.de

ISBN: 978-3-86040-185-9

Inhalt

Vorwort

Zur Erstauflage

In den letzten Jahren war ich ständig unterwegs und habe viel gesehen und erlebt. Es waren verdammt harte Jahre, während derer ich manchmal am liebsten alles hingeschmissen hätte und wieder nach Hause zurückgekehrt wäre. Aber es war auch eine wundervolle Zeit, in der ich so viel gelernt habe, über mich selbst, über andere Länder, Menschen und Kulturen, so dass ich sie manchmal sehr vermisse.

Das Komische ist, dass dieses Fernweh einem anhängt; man wird es einfach nicht mehr los. Es ist wie etwas, das mich magisch wegzieht, hinaus in die große weite Welt, und es mir so schwer macht, ein normales Leben zu führen. Es ist ein wenig wie eine Sucht – einmal mit dem Reisen angefangen, lässt es einen nicht mehr los.
Vielleicht glaubt man einfach, somit alle Sorgen hinter sich lassen zu können.

Wahrscheinlich bist Du auch einer von denen, die es unbedingt mal ausprobieren wollen, die Koffer packen und einfach abhauen, irgendwohin, in die Ferne, wo einen niemand kennt. Vielleicht sitzt Du auch schon am Flughafen mit Deinem Ticket in der Hand und hast Angst, eine falsche Entscheidung getroffen zu haben. Oder es ist mal wieder einer der verregneten Herbst- oder Wintertage, der Dich schrecklich langweilt und wo Du mit neidischem Blick die Postkarte von Freunden aus Hawaii anstarrst.
Eigentlich spielt es keine Rolle, aus welchem Grund Du aufbrechen möchtest. Nimm einfach Deinen ganzen Mut zusammen, und setze Deine Träume um. Ich glaube, dass ich mir damals nichts sehnlicher gewünscht hätte als Ratgeber, der mir wenigstens ein paar der drängendsten Fragen beantwortete hätte.

Warum ich dieses Buch schreibe?
Vielleicht verfasse ich diese Zeilen, um in der Saison nicht zum hundertsten Mal gefragt zu werden, was ein Animateur eigentlich mache, oder wie man einen solchen Posten ergattern könne. Vielleicht auch, um Interessenten einmal einen Blick hinter die Kulissen zu gewähren und sie von dem Gedanken zu befreien, dass Animation nichts anderes sei als die Hängematte unter Palmen.

Wahrscheinlich auch, weil ich es satt habe, von allen Leuten schief angeschaut zu werden, die bei "Animation" denken, man laufe den ganzen Tag mit der roten Nase um den Pool herum oder die es sogar noch mit dem "horizontalen" Gewerbe verwechseln …
Allen Einsteigern wird dieses Handbuch als kleine Hilfe nützlich sein und in so mancher Situation weiterhelfen. Und wer weiß, vielleicht treffen wir uns ja mal in dem einen oder anderen Club …

Zur aktuellen Auflage

Weiterhin geht es um den Einstieg ins heißbegehrte Animationsgewerbe. Nach einer ausführlichen Einleitung für Unkundigen gibt es eine genaue Beschreibung des Tätigkeitsbilds mit allem Freud und Leid. Weiter dann mit dem Arbeitsplatz – Hotel, Club, Ferienanlage u.a., gefolgt von einer Beschreibung des üblichen Bewerbungsprozesses mit Casting und Vorstellungsgespräch. Es schließt sich an die "Bewerbung auf Umwegen", der Erwerb besonderer Qualifikationen wie der JuLeiCa oder der des Ersten-Hilfe-Scheins sowie weitere nützliche und gefragte Erfahrungen beim Babysitten oder in der Leitung von Jugendgruppen. Um Interessierten eine genauere Vorstellung vom Joballtag zu geben, kommt eine Vielzahl ehemaliger Animateure zu Wort, die einen typischen Tagesablauf skizzieren, von der Kinderbetreuung erzählen, augenzwinkernd verschiedene Gästetypen vorstellen, Tipps zur schnellen Regeneration geben, etc.

Zudem wurde der Fokus erweitert – das Buch behandelt nicht mehr nur den Clubanimateur großer Ketten, sondern stellt auch Teilbereiche vor, in die ein Hineinschnuppern lohnt: rustikalere Allroundjobs auf Campingplätzen, Entertainment auf Kreuzfahrtschiffen, Seniorenanimation bei Reisen für Ältere, Gästebetreuung in Freizeitparks. So wird der Entwicklung im Tourismusbereich, eine individuellere Betreuung verschiedenster Zielgruppen zu gewährleisten, Rechnung getragen.

Der zweite Teil des Buches besteht aus einer Fülle von Adressen, alle neu recherchiert und komplett überarbeitet: Veranstalter, Agenturen, Hotels, Freizeitparks und andere Institutionen, die Animateure einstellen. Überall, wo Gästebetreuung stattfindet, ist grundsätzlich natürlich auch die ganze Palette an Stellen, wie sie üblicherweise in der Touristik, in der Hotellerie und Gastronomie anfallen, vorhanden. Diese Stellen werden hier also auch gestreift.
Neues zum Thema findet sich bei www.interconnections.de

Mitmachen

- Der Verlag sucht übrigens auch weitere Berichte, auch Fotos u.a. Material zur Illustration, ferner Manuskripte zu passenden Themen: "Jobs, Praktika, Austausch und Begegnungen" sowie "Reise". Je nach Eignung würden wir sie in Buchform und bzw. oder online veröffentlichen.
- Einige Reisebücher des Verlags sind vollständig online. Länderführer bei *www.reisetops.com*, Städteführer bei *www.booktops.com,*.
- Mail an info@interconnections.de

Animation

Worum geht´s?

Animation rührt vom lateinischen Wort "animo" her und heißt soviel wie "beleben", "ermuntern", "anregen". Ein Animateur soll demnach Fröhlichkeit, Lebensfreude und gute Laune verbreiten. Er organisiert Aktionen, durch die sich die Gäste integriert fühlen, Spaß haben und nicht langweilen. Ferner bemüht er sich, alleinstehende Gäste in die Gemeinschaft mit einzubeziehen.

Der Begriff Animateur gilt in einigen modernen Clubs schon als veraltet. Hier existieren bereits Insiderbegriffe wie GO, also *Gentil Organisateur*, was soviel heißt wie "freundlicher Helfer", Robin, oder einfach Gästebetreuer und Freizeitlehrer. Die großen Clubgesellschaften sind schon lange von einer aufdringlichen "Pappnasen"-Animation zu einer eher unauffälligen Animation übergegangen. Der Urlauber soll nicht bedrängt werden, an einem Programmpunkt teilzunehmen, sondern zur Geselligkeit ermutigt und motiviert werden.

Animation ist im Grunde genommen leicht zu erklären. Sobald ein Gast in einem Club angekommen ist, soll er sich nicht einmal Gedanken über seine Freizeit machen müssen. Dazu gibt es die Animateure und ein umfangreiches Angebot an Aktivitäten und Sportprogrammen in jeder Clubanlage. Der Animateur ist der Trainer, der gute Kumpel, der nette Junge von nebenan, alles in einer Person. Seine Aufgabe besteht vornehmlich darin, den Urlauber zur Teilnahme an Sport und Spielaktionen zu motivieren und ihm seinen Aufenthalt im jeweiligen Land zu verschönern. Der Animateur sollte ständig gute Laune vermitteln, die auf den Gast übergehen soll, und er soll ihm ferner als ständiger Ansprechpartner zur Seite stehen. Dabei gibt er ihm die Möglichkeit, einen Kontrast zum Alltag zu erfahren. Natürlich finden sich immer wieder unterschiedliche Auffassungen von niveauvoller Animation, und bestimmt existieren in dem einen oder anderen Hotel auch Negativbeispiele. Ist sie aber gut gemacht, so stellt die Animation das Sahnetüpfelchen des perfekten Urlaubs dar.

Einige Hinweise

Die Tätigkeit als Animateur wird nicht sonderlich gut honoriert. Die Anfangsvergütung wird heute um die 700-800 € monatlich betragen; bei einer direkten Bewerbung bei Ferienclubs, Hotels oder Veranstaltern kann die Bezahlung auch um einiges darunter liegen monatlich); der Arbeitgeber sollte jedoch immer alle Kosten für die üblichen Versicherungen sowie für Unterbringung, Verpflegung und die Reise übernehmen.

Manche Veranstalter wählen ihr Personal eigenständig aus, andere übertragen die Aufgabe speziellen Agenturen. Aufgepasst: Nicht alle Agenturen lösen ihre Jobversprechungen ein.
Gut vorbereitet ist es einfacher, die Auswahlverfahren der Veranstalter zu bestehen. Es lohnt sich, mit Leuten zu reden, die vielleicht selbst schon einmal als Animateure tätig waren. Außerdem ist es gut, sich über den Veranstalter zu informieren – seine Angebote, seine Zielgruppen, etc.
Verträge sollte man genau prüfen. Alles, was nicht schriftlich im Vertrag vereinbart ist, hat keine juristische Geltung. Auf Versprechungen sollte man sich nicht verlassen ...
Auch wenn man vorzeitig den Job beim Reiseveranstalter oder im Ferienclub abbricht, besteht natürlich Anspruch auf Lohn für die bis dahin geleistete Arbeit. Der Vertrag sollte auch entsprechende Regelungen enthalten.

Bevor man sich wild auf eine Tätigkeit als Animateur stürzt, sind allerdings einige Kleinigkeiten zu beachten:

Versuche nach Deinem Schulabschluss möglichst erst eine Ausbildung zu machen, bevor Du in die große weite Welt" abdampfst. Denn dadurch brauchst Du Dir von vornherein keine Gedanken um die Zukunft zu machen und hast immer die Möglichkeit, trotz jahrelanger Abwesenheit im Ausland, in ein "normales" Leben zurückzukehren.

Voraussetzungen

Zur Qualifizierung als Animateur sind erstmal bestimmte Voraussetzungen zu erfüllen, noch bevor man je nach Erfahrung, Neigung und Ausbildung zwischen den einzelnen Animationsbereichen wählt.
Zunächst ist auf jeden Fall ein tolerantes, lustiges und aufgeschlossenes Wesen gefordert, denn wer mürrisch ist und ständig schlechte Laune hat, der ist fehl am Platz.
Animation ist harte Arbeit, Dauerstress und Hektik, um die Wünsche der Gäste zu erfüllen. Im sportlichen Bereich werden meist sogar Trainerscheine verlangt. Es reicht eben doch nicht, ganz einfach nur nett lächeln zu können.
Die Arbeit als Animateur fällt in den Bereich Dienstleistungen, in dem gutes Benehmen, Hilfsbereitschaft und Motivation des Gastes das "A und O" sind.
Je nach Veranstalter können einzelne Vorgaben abweichen; im Großen und Ganzen werden aber meist die folgenden Anforderungen verlangt:

* Mindestalter von 18 Jahren (oft höher, nur in seltenen Fällen darunter)

- Fremdsprachenkenntnisse (möglichst Englisch, Französisch und/oder Spanisch)
- Teamgeist
- gute körperliche Fitness/sportinteressiert
- positive, offene Ausstrahlung
- Schulabschluss: mittlere Reife oder höher
- Selbstverständlich sollte man unabhängig und nicht ortsgebunden sein, also jederzeit weltweit einsetzbar und flexibel. Ein gültiger Reisepass ist in diesem Beruf unumgänglich.

Wer also fremde Länder und Kulturen erforschen möchte, Spiele, Sport und Spaß mag und außerdem jederzeit verfügbar ist, der hat bereits einige der allgemeinen Voraussetzungen erfüllt.

Besondere Anforderungen

Die Voraussetzungen in den jeweiligen Animationsbereichen werden von Club zu Club unterschiedlich ausfallen. Sport, Spiel und Freizeitangebote wechseln ebenfalls. Auch bei Gast- und Festanimation gelten in jeder Clubkette verschiedene Einteilungen und Regeln.

Um einen kleinen Überblick zu verschaffen, hier nun eine Zusammenfassung der häufigsten Animationsarten nach
Animationsgruppe, Animationsart, Aufgabenbeschreibung, Voraussetzungen.

Gruppen	Art	Aufgaben	Voraussetzungen
Sportteam:	Bogenschießen	Unterricht, Durchführung von Turnieren	Interne Schulung im Bogenschießen
	Wellness, Gymnastik, Stretching, Aerobic, Wassergymnastik	Unterricht	Trainerschein oder interne Schulung im jeweiligen Bereich, Erfahrung im gymnastischen Bereich
	Ballsport: Volley, Basket, Street, Fußball ...	Unterricht, Tunierorganisation	Fundierte Kenntnisse, interne Schulung
	Tennis	Unterricht	Übungsleiterschein
	Golf	Training	Handicap über 15
	Schwimmlehrer	Unterricht	Rettungsschwimmabzeichen in Gold

	Inlineskating	Unterricht	Fundierte Kenntnisse im Skaten
	Fitnessstudio	Betreuung	Trainerlizenz
	Tanzpaar	Tanzkurs	Tanzschulerfahrung, Ausbildung Tanzlehrer
	Mountainbike	Touren, Ausflüge	Gute Kondition, Kenntnisse Fahrradtechnik
	Reiten	Gruppenunterricht, Ausritte	Reiterfahrung, Reitabzeichen, Erfahrungen im Unterrichten
Nautikteam:	Wasserskilehrer	Unterricht	Motorbootführerschein, gutes Können
	Segellehrer	Unterricht	A-Schein, gute Segelerfahrung
	Surflehrer	Unterricht	Erfahrener Surfer, Surfschein
	Tauchlehrer	Tauchkurse	Diplom, PADI-Instructor
Wintersport:	Skilehrer	Unterricht	Diplom des staatlichen Skilehrerverbandes oder clubinterne Schulung
Musik & Unterhaltung:	Tontechniker, DJ	s. Showteam	Ausbildung im jeweiligen Bereich
	Moderator	Moderation während Aktionen, Showansagen, Radiobegleitung, etc.	Erfahrung im Moderationsbereich oder interne Schulung im Radiomoderationsbereich
	Workshop / Atelier	Kreative Arbeit mit Seidentüchern, Schmuck	Erfahrungen oder Ausbildung im künstlerischen Bereich, Malerei
Showteam:	Regisseur	Realisation der Bühnenshows, Probenleitung, Gestaltung eigener Choreographien	Fundierte Kenntnisse in Tanz und Choreographie, evtl. Ausbildung.
	Tänzer	Allroundeinsatz im Showbereich	Ausbildung, fundierte Kenntnisse im tänzerischen Bereich
	Kostümiere	Entwurf und Schneidern der Showkostüme,	Ausbildung als Schneiderin

		Änderung und Reparatur bei Bedarf	
	Garderobiere	Vor- und Nachbereitung der Kostüme bei jeder Show	Erfahrungen im Backstage-Bereich, interne Einarbeitung.
	Dekorateur	Entwurf der gesamten Showdeko und Anfertigung	Erfahrung in Bühnentechnik.und Ausbildung als Dekorateur
	Tontechniker	Arbeit an Mischpult und Tonanlage.	Kenntnisse über Elektronik, Ausbildung Tontechniker
	Lichttechniker	Lichtgestaltung für die Shows, Installationen von Scheinwerfern, etc.	Kenntnisse in Ton- u. Lichttechnik, fundiertes Können im DJ-Bereich
	Discjockey	Musikgestaltung in der Discothek.	Kenntnisse in Ton u. Lichttechnik, fundierte Kenntnisse im DJ-Bereich
Kinder und Jugend	Kleinkinder- u. Kinder- bzw. Jugendbetreuung	Organisation von Spielen, Wettbewerben etc., Betreuung, Unterhaltung	Ausbildung, Erfahrungen im pädagogischen Bereich, Erzieher. Gute Erfahrungen in der Arbeit mit Ausflügen von Jugendgruppen

Freude am Umgang mit Menschen und Kontaktfreudigkeit sind unabdingbar, ebenso wie Erfindungsgeist und Improvisationstalent.

Die meisten Unternehmen suchen Animateure, Gästebetreuer und anderes Personal vornehmlich für die gesamte Saison, was den Clubs, Hotels und Veranstaltern natürlich mehr Planungssicherheit beschert. Einstellungen für weniger als eine halbe Saison sind selten, aber da immer wieder mal Ausfälle zu verzeichnen sind, bestehen auch für Leute auf der Warteliste noch gute Aussichten. Der Bedarf insgesamt ist gewaltig – Ruf Jugendreisen sucht beispielsweise europaweit 1.600 Mitarbeiter im Sommer, der *Club Méditerranée* weltweit etwa 1100 und der italienische Veranstalter *Valtur* über 1000.

Jahrelang galt Animation als Aussteigerjob und hatte einen miesen Ruf. Viele sind auch heute noch der Ansicht, dass es nicht viel mehr bedarf, als ein bisschen nett lächeln zu können. Wer nichts gelernt hat, der macht eben Animation – wie oft hat man diesen Satz schon gehört. In Wirklichkeit werden die Qualifikationsanforderungen im Bereich Clubanimation immer höher. Die Auswahlverfahren und Tests werden von Jahr zu Jahr strenger, so dass immer mehr Bewerber durchfallen. Soviel zu einem der häufigsten Vorurteile gegen die Animation ...

Beispiel Valtur

Zur Verdeutlichung der Dimensionen und der Vielfalt der Jobmöglichkeiten hier eine Blick auf die Stellenangebote eines großen italienischen Reiseveranstalters. Valtur suchte im letzten Jahr für Tätigkeiten in Italien und im Ausland insgesamt 1090 Mitarbeiter beiderlei Geschlechts für die Sommermonate für:

- 110 Animation für Kinder
- 60 Fahrdienst, z.B. für Exkursionen, Abholservice vom Flughafen
- 70 Animation
- 30 Choreografie
- 30 Bühnenbild
- 30 Kostümbild
- 30 Diskjockeys
- 30 Technik, Ton und Licht
- 80 Rezeption, Empfang, Kasse
- 50 Verkauf in Boutiquen
- 60 Gästebetreuund
- 75 Segelunterricht
- 30 Windsurfen
- 10 Fallschirmspringen
- 70 Tennisunterricht
- 20 Sportlehrer Fitnesscenter
- 30 Bogenschießen
- 15 Schwimmunterricht
- 40 Kanuunterricht
- 10 Trekkingtouren
- 20 Gymnastik
- 10 Inline-Skatering
- 10 Tauchen
- 20 Krankenpfleger/-schwestern (mit abgeschlossener Ausbildung)
- 60 Massage und Kosmetik (mit abgeschlossener Ausbildung)
- 15 Chefköche/innen
- 10 Konditoren/innen
- 20 Barpersonal
- 10 Verwaltung, Bürotätigkeit

Club-Animation

Was ist eigentlich ein Club?

Wichtig bei einem Cluburlaub ist nicht, in welchem Land der Einsatz erfolgt, sondern die Stimmung innerhalb einer solchen Club-Anlage. Hier wird die Kommunikation zwischen den Menschen großgeschrieben. Dies geht bereits aus romantischen Slogans wie „Zeit für Gefühle" oder "Urlaub unter Freunden" hervor.
Urlauber aus allen möglichen Altersgruppen und aus den verschiedensten Ländern sollen sich schnellstmöglich kennenlernen. In erster Linie wird durch eine persönliche und private Atmosphäre versucht, dem Urlauber die Hemmungen gegenüber fremden Menschen zu nehmen. Alles ist auf eine große Gemeinschaft ausgerichtet. Es gibt sogar einen eigenen Clubtanz, den die Gäste nach jeder Show oder mittags am Pool tanzen. Außerdem kann man Clubkassetten, Club-T-Shirts, Club-Postkarten, Club-Videos und vieles mehr erwerben.
Der Animateur tritt als eine Art Vermittler zwischen den einzelnen Gästen auf. So ist die all-gemeine Anrede in einem Club meist grundsätzlich das "Du". Wer damit anfänglich Probleme hat, wird flugs feststellen, dass sich dadurch viel schneller ein persönliches Gespräch aufbauen lässt. Zahlreiche Aktionen am Tag und am Abend sorgen dafür, dass die Gäste jeglichen Alltagsstress vergessen.
Animation und Vollpension sind beim Cluburlaub mit inbegriffen. Ausschließliches Zahlungsmittel im Club ist die Clubkarte.
Auch in den Restaurants herrschen andere Regeln als gewohnt. So gibt es keinerlei Tischreservierungen, was bedeutet, dass jeder an einem beliebigen freien Tisch Platz nimmt. Oftmals werden die verschiedensten Persönlichkeiten zusammengewürfelt, was dazu führt, dass sich die einzelnen Gäste untereinander rascher kennenlernen.
Vielleicht lässt sich sogar behaupten, dass ein Club eine kleine Stadt für sich sei – in einem fremden Land, versteht sich. In einem Urlaubsclub ist einfach alles vorhanden: von der Einkaufsstraße mit ihren zahlreichen Boutiquen, über den Masseur, den Friseur, den Arzt, den Kosmetiker oder die Sauna – es herrscht an nichts Mangel:

- Schwimmbäder, Diskotheken, Bars, Restaurants, Cafes und nebenbei natürlich ein unterhaltsames Animationsprogramm mit zahlreichen Sport- und Spielangeboten.
- Im Grunde genommen braucht man sich um nichts mehr zu kümmern – alles ist perfekt geregelt. Sogar Ausflüge werden vom clubeigenen Ausflugsanimateur bzw. Reiseleiter angeboten, falls jemand doch noch Interesse am Verlassen des Clubs verspürt. Das Sportprogramm ist so vielseitig, dass an

einem Tag gar nicht alles zu schaffen ist. Reiten, Surfen, Tennis, Volleyball, Segeln, Aerobic, Bogenschießen, Fitness, Inlineskating, Golf ... um nur einige Aktivitäten aufzuzählen.

Natürlich fallen die Angebote von Club zu Club unterschiedlich aus. Neben dem vielseitigen Sportprogramm kann der Urlauber sich im Workshop bei Seidenmalerei entspannen oder an einer heiteren Runde mit Gesellschaftsspielen teilnehmen. Zahlreiche Turniere, verrückte Gameshows, Quizrunden und vieles mehr warten täglich auf ihn.

Hat der Urlauber das Tagesprogramm beendet, geht es schon los mit dem abwechslungsreichen Abendprogramm. Tanzabende, "Wetten dass ...?!", aber vor allem Tanz und Musicalshows zählen zu den abendlichen Höhepunkten.

Für alle ist gesorgt: Familien mit Kindern genießen das Kinderprogramm; die Kinder können den ganzen Tag unter Obhut von Kinderanimateuren spielen. Es gibt Teeniebetreuung, Singletreffs für Alleinreisende, Sportlertreffs, Beachpartys und weitere Überraschungen. Es ist wirklich eine andere Welt: überall Urlaubsstimmung, Spannung, Spaß und Aktivität.

Ob Animationscrew, F&B-Bereich (Food and Beverage), Rezeption, Beautyfarm, Wellness, etc. – in jedem Bereich werden junge Leute aus diversen Ländern eingesetzt. Um ein solches Team zusammenzuhalten, bedarf es einer ausgefeilten Planung.

Doch wie sind die einzelnen Bereiche in der Animationscrew eingeteilt?

Animationsteam

Die meisten Clubanlagen unterscheiden zwischen drei Arten von Animateuren, die letztlich als ein gesamtes Team zusammenarbeiten: die Festcrew, die Freelancer und die Gastanimation.

Der Unterschied besteht darin, dass die Festcrew meist über eine ganze Saison in einem Club arbeitet und durch einen festen Vertrag an die jeweilige Clubgesellschaft gebunden ist. Die Freelancer sind vertraglich auch an die Clubgesellschaft gebunden, jedoch nur für einen begrenzten Zeitraum. Gastanimateure hingegen arbeiten mit Subunternehmern als Vertragspartner der jeweiligen Gesellschaft zusammen.

Die Animationscrew ist an ihrer Uniform erkennbar. Uniformpflicht besteht an An- und Abreisetagen, um dem Urlauber die Suche nach Personal bei eventuellen Fragen zu erleichtern. Außerdem sieht so gleich jeder Gast, wer zur Animation gehört.

Festcrew

Da sie meist die ganze Saison zusammenarbeiten muss, bedarf es hier strenger Regeln. Neben dem Leiter des Clubs, dem Clubchef, für alle Fragen des Clubs verantwortlich ist, der Chefanimateur (Teammanager) gegenüber dem Animationsteam die wichtigste Position. Er leitet das gesamte Animationsprogramm und bestimmt über Abläufe, Zeiten und Programme. Seine rechte Hand ist der Teammanager-Assistent, der ersteren gelegentlich vertritt und ihn bei der Koordination und Planung der Programme sowie der Aufgabeneinteilung der Animateure unterstützt.

Nun hat jeder einzelne Animationsbereich seinen eigenen Koordinator, damit es bei wichtigen Gruppengesprächen und Organisationen immer einen Verantwortlichen jeder Abteilung gibt.

Die Rangordnung in einem Club könnte so aussehen:

* Clubchef
* Chefanimateur = Teammanager
* Assistent des Chefanimateurs
* Koordinator von Bereich 1, 2, 3, etc. ...
* Animationsteam, unterteilt in verschiedene Bereiche

Ein Animationsteam besteht immer aus Angehörigen verschiedener Nationalitäten. Hier prallen oft die unterschiedlichsten Kulturen und Charaktere aufeinander. Zudem sind die Animationsteams stets gemischt. Es sind also immer männliche und weibliche Mitarbeiter in jedem Bereich vorhanden – Animateure und Animateurinnen.

Zur Klärung organisatorischer Fragen und zur Besprechung des Tagesablaufs findet allmorgendlich eine Besprechung (Meeting) statt. Alle Abläufe innerhalb eines Clubs, auch wenn sie noch so spontan aussehen, sind genauestens geplant und abgesprochen.

Hinter der lockeren und lustigen Animationsatmosphäre steckt in Wahrheit eine genau durchdachte Planung, ohne die ein perfektes Animationsprogramm undenkbar wäre.

Freelancer

Sie arbeiten vertraglich auch mit der jeweiligen Clubgesellschaft zusammen, aber eben nur auf begrenzte Zeit und zu anderen Bedingungen. Sie übernehmen verschiedene Aufgaben innerhalb der Festcrew wie z.B. Kinder- u. Jugendbetreuung, gewisse Sportarten wie Wassersport usw. ...

Da zur Hochsaison oftmals Verstärkung in den einzelnen Animationsbereichen gebraucht wird, sind hier die Freelancer von großer Bedeutung. Sie unterstützen und entlasten die Festcrew.

Selbst Hostessenplätze und Praktikantenstellen werden bisweilen in einem Urlaubsclub vergeben.

Gastanimation

Gastanimateure arbeiten häufig mit Subunternehmen zusammen und sind meist nur wenige Wochen vor Ort. Für sie gelten völlig andere Regeln als für die Festcrew. Die Vereinbarungen zwischen Gastanimation und der Festcrew schwanken von Club zu Club, sind aber genau einzuhalten, da sonst Unstimmigkeiten auftreten könnten. Gastanimateure übernehmen beispielsweise Sportarten wie Tennis, Golf, Tanzkurse, Inlineskating und Fitness. Auch bei der Beautyfarm, der Kosmetik, im Brainlightstudio, etc. leisten sie Unterstützung.

Meist werden sie alle 2-3 Wochen wieder durch neue Gastanimateure ausgetauscht. Art und Dauer der Tätigkeit hängt vom jeweiligen Subunternehmen und natürlich vom Gastanimateur selbst ab.

Der ständige Wechsel von Gastanimateuren und Freelancern innerhalb einer Saison sorgt für ständigen frischen Wind, was einer Festcrew, die oft monatelang "aufeinanderhockt", sehr zugute kommt.

Die vertraglichen Vereinbarungen sind auch hier bei den einzelnen Agenturen höchst unterschiedlich.

Die Tätigkeiten als "Freelancer" oder "Gastanimateur" werden Neulingen empfohlen, da sie erstmal auf kurze Zeit "probearbeiten" können, ohne sich vertraglich zu binden.

Eines steht fest: gleichgültig ob man sich für die Festcrew, die Freelancer oder die Gastanimation interessiert – bevor man alle Brücken hinter sich abbricht, Wohnung und Auto verkauft und seine Freunde verlässt, sollte man in diesen Beruf erst einmal hineinschnuppern. Denn wie heißt es doch so schön: es ist nicht alles Gold, was glänzt! Und wer nach einer Woche merkt, einen Fehler begangen zu haben, für den könnte es bereits zu spät sein. Als Nebenjob für Studenten ist es ohne Zweifel ideal: Kost und Logis gratis, Sonne und Meer, Verdienstmöglichkeiten für Trainerstunden – was will man mehr?

Einteilung einer Crew

Und so könnte eine Crew aussehen:

* Clubchef
* Chefanimateur
* Assistent des Chefanimateurs

Diese drei tragen die Verantwortung sowohl für die Gastanimateure als auch die Festcrew.

- Festcrew:
- •Sportteam: Sportanimateure, Trainer
- •Musik/Unterhaltungsteam: Moderatoren, Tagesanimateure, DJs, Tontechniker, Workshop, Allrounder
- •Showteam: Choreographen, Tänzer, Regisseur, Schneider, Kostümiere, Dekoration, Ton-und Lichttechniker
- •Kinder u. Jugendbetreuung:Kinderanimateure, Pädagogen, Erzieher
- Freelancer: werden einzelnen Bereichen der Festcrew zugeteilt

Gastanimateur: werden bei einzelnen Bereichen der Subunternehmer, aber auch bei verschiedenen Aktionen der Festcrew tätig.
Natürlich könnte man über den Food & Beverage-Bereich alles auflisten, vom Koch über den Friseur zur Rezeption ... Doch beschränken wir uns auf die Hauptanimationsarten innerhalb vieler Clubs:

Chefanimateure
Sie verantworten den reibungslosen Programmablauf der Tages- und Abendanimation, erstellen und kontrollieren den Arbeitsplan und sind Ansprechpartner der Teammitglieder. Sie zeichnen sich durch längere Erfahrung aus, müssen viel Verantwortung, Einfühlungsvermögen und Organisationstalent besitzen.

Reiseleiter
Sie tragen die Verantwortung für den Ablauf einer Gruppenreise von Jugendlichen oder Erwachsenen. Meist sind sie etwas älter, so ab 24 oder 25 Jahren, und haben Erfahrung im Fremdenverkehr. Reife, Verantwortungsbewusstsein und Organisationstalent sind unabdingbar wie auch eine gute Allgemeinbildung. Reiseleiter sind ferner auch Ansprechpartner für viele kleinere und größere Probleme der Reisenden. Sie vermitteln bei Konflikten, nehmen Beschwerden entgegen und suchen nach Lösungen in schwierigen Situationen. Ferner vertreten sie ihren Arbeitgeber nach außen und wahren dessen Interessen im bei Konflikten zw. Kunden und anderen Dienstleistern. Nicht zuletzt prägen die Reiseleiter auch die Atmosphäre und die Stimmung der Reisegruppe.

Sportteam
Jeder Club hat eine Vielzahl von Sportangeboten. Ob Wellness, Aerobic, Wassergymnastik, Volleyball, Basketball, Streetball, Fußball oder Bogenschießen – ein Sportanimateur ist sehr vielseitig. Seine Aufgabe besteht vornehmlich darin,

eine Trainerfunktion auszuüben. Jeder Sportanimateur hat über den Tag verteilt mehrere Sportprogramme zu leiten und zu beaufsichtigen.
Er plant Sportveranstaltungen und führt diese durch, z.B. Volleyball- und Tennisturniere oder auch Beachpartys. Häufig erteilt er auch Einzelunterricht in verschiedenen Sportarten und motiviert die Feriengäste zur Beteiligung am Sportangebot. Vorteile hat, wer vielseitig, also bei mehreren Sportarten einsetzbar ist. Unterrichtserfahrung, Trainerscheine und Lizenzen sind weitere Trümpfe bei der Bewerbung. Körperliche Belastbarkeit auch bei hohen Temperaturen muss gewährleistet sein.

Künstlerische und handwerkliche Talente sind stets gefragt. Animateure können bei der Choreographie und dem Bühnenbild mitwirken und hier ihre Begabungen einbringen. Handwerkliches Geschick oder Erfahrung im Bühnenhandwerk werden gern gesehen. Nach den einzelnen Sportstunden gliedert sich der Sportanimateur automatisch in die allgemeine Animation mit ein. Bei Tanz, Choreographie und Musikanimation sind die Animateure bei der Planung und Durchführung von Bühnenshows miteinbezogen. Tanz- und Gesangserfahrung, schauspielerisches Talent, Erfahrung im Jazzdance, als Discjockey oder Moderator sind erwünscht. Auch Kenntnisse in der Veranstaltungstechnik, mit Licht und Ton, sind ein Plus.

Genau wie ein Trainer in einem Studio ist auch der Sportanimateur für die Vor- und Nachbereitung seiner Stunden verantwortlich. Turniergestaltung und Regeln der jeweiligen Sportart sind für ihn keine Fremdwörter. Außerdem benötigt er für die meisten Sportarten einen Trainerschein oder eine Ausbildung im jeweiligen Fachbereich (Schulung oft auch clubintern). Der Sportanimateur ist kreativ und körperlich topfit. Es ist nicht immer leicht, bei Temperaturen über 40 Grad noch einen kühlen Kopf zu bewahren. Außerdem braucht er ständig neue Ideen für seine Unterrichtsstunden.

Da die Verweildauer eines Gastes im Durchschnitt zwei Wochen beträgt, sollte er mindestens über diese Zeitspanne ständig neue Überraschungen auf Lager haben. Neben der Trainerfunktion ist er auch Freund und Helfer, denn schließlich möchte der Gast sich im Urlaub vergnügen und keine 10 kg Gewicht abschwitzen. Das Training sowie die einzelnen Sportprogramme werden dem Urlauber oft spielerisch angetragen.
Sportarten wie Fitness, Inlineskating, Golf, Tennis, Tanzkurs, etc. werden teilweise von der Gastanimation übernommen, wobei hier die Einteilungen innerhalb der verschiedenen Clubs wechseln. Den Wassersportbereich wie Surfen, Wasserski, Katamaran, etc. übernimmt das Nautikteam.

Für den Sportanimateur heißt es:
Sportlertreffs, Wettkämpfe, Turniere, Hitze, geplatzte Bälle, Erste Hilfe, Rettungsschwimmen und immer schön lächeln ...

Kompetent und professionell

Aller Anfang ...

Mike erinnert sich an seinen Animateurjob als eine Zeit „zwischen Sonnencreme und Knochenjob":

„Geblendet von manchen Urlauben und der Freude, die die Animateure anscheinend bei ihrer Arbeit hatten, stürzte ich mich in meine erste Saison. Schwerpunkt war von Beginn an, auch durch mein Studium bedingt, der Sport.

Der Animateuralltag war intensiv und durchgehend abwechslungsreich. Morgens, je nach vorgesehenem Tagesablauf zwischen 7 Uhr und 8 Uhr hieß es: Raus aus den Federn!", und meinen immer noch scheintoten holländischen Kollegen „Bo" aus dem Bett zu quälen. In unserem kleineren Appartement dann meist gut auf den Tag eingestimmt ging es gegen 8.30 h zum morgendlichen Meeting mit Frühstück, dann zum vormittäglichen Angebot – Wasserball, Volleyball, Fußball, Schießen, Wassergymnastik, Fitness-Center, Baby-Club und Kids-Club waren meine täglich wechselnden Stationen.

Gegen 13 Uhr waren die letzten Animationen des Vormittags beendet. Jetzt galt es, schnell etwas an Nahrung zu sich zu nehmen und sich wieder gemeinsam im „Theatersaal" einzufinden. Dann gab es diverse Aufgaben bis meist 14 Uhr

30, wie beispielsweise Proben des Abendprogramms, Kostüme richten, Bühnen-
bilder gestalten, Tänze einstudieren, Moderation üben, Choreographien abstim-
men, Texte einprägen, Lieder auswendig lernen, Besorgungen erledigen. Dies
war oftmals doch recht schweißtreibend. Außerdem war es Kopfsache, sich nach
zwei Stunden Kinderclub in Ruhe zu konzentrieren und abzuschalten, um dann
wieder sofort aufnahmefähig zu sein.

Nachmittags ging es dann wieder zu den täglichen Angeboten. Hier standen
bei uns immer Volley-, Wasser- und Fußball als tägliches festes Angebot auf
dem Programm, erweitert durch andere Angebote je nach Nachfrage und Um-
ständen. Über mangelnde Fitness konnte man sich in dieser Zeit beileibe nicht
beklagen ...

Gegen 18 Uhr waren dann die letzten Spiele beendet. Nun galt es schnell ab
zur Kostümanprobe, und eine Generalprobe stand auf dem Programm. Denn mit
u.a. „König der Löwen" und „Sister Act" gab es insgesamt fünf Musicals, die
wir zu der Zeit aufführten.

Nach der Probe war dann eine kurze Pause, um noch etwas zu essen, gegebenenfalls noch etwas zu besorgen oder für den Abend vorzubereiten. Als weitere
abendliche Angebote gab es eine Karaoke-Show mit Sketcheinlagen, Minidisco,
DiscoNight und auch mal eine Quizshow, um den Gästen möglichst viel Abwechslung zu bieten.

Je nach Show und Programm war man zwischen 23 und 1 Uhr dann fertig.
Die Ein-Uhr-Schicht beispielsweise hatte dann morgens nach dem Meeting etwas Entlastung, so wurde auf ein ausgeglichenes Dasein geachtet.

Alle zwei Wochen waren dann zwei Abende frei. Diesen Luxus, Freizeit,
wusste man von Anfang an als kostbares Gut zu schätzen. Genau so gut konnte
es jedoch sein, dass der freie Abend ins Wasser fiel, wenn beispielsweise ein
anderer Animateur krank war.
Alles in allem war es eine schöne Zeit mit vielen tollen und interessanten Erfahrungen sowie neuen Kontakten. Sicherlich ist und bleibt es ein Knochenjob, der
aber auch eine Menge Spaß beschert. Das Animateurdasein ist eine Lebensein-
stellung und eine Charakterfrage. Man muss es lieben oder lassen."

Animationsarten

Tagesanimation (Musik- und Unterhaltungsteam)

"Tagesanimateur? Das ist doch toll! Da musst Du ja nur tagsüber arbeiten und
hast abends frei, oder?"

Der Tagesanimateur hat seinen Namen keinesfalls, weil er lediglich am Tage zu
arbeiten hätte, seine Hauptaktionszeit für sämtliche Spielprogramme, Radioma-

gazine und Moderationen, sowie Gesellschaftsspielturniere liegt eben hauptsächlich tagsüber.

Das Musik- und Unterhaltungsteam ist für mehrere Bereiche zuständig. Neben der Durchführung von Großspielaktionen, wie z.b. Club-Olympiaden, Rallyes etc. oder kleineren Gesellschaftsspiel-Turnieren wie Darts, Backgammon und Schach steht erstmal die Arbeit in der Radiotonkabine und am Mikrofon an. Jeder Club verfügt über einen eigenen clubinternen Radiosender. Hier laufen nun den ganzen Tag Radiomagazine, Hitparaden, Trendstorys, Interviews, Nachrichten und vieles mehr. Die einzelnen Radiomagazine werden vom Radioteam selbst erarbeitet. Wie bei den großen Radiosendern wird auch hier versucht, die sogenannte Musikuhr zu berücksichtigen. Das heißt, von jeder Musik wird etwas gespielt, damit für jeden Gast das Passende dabei ist.

Neben der Bedienung der technischen Geräte während des Radioprogramms wird die Arbeit am Mikrofon während der Sendung, sowie allgemein, großgeschrieben. Ob eine Quizshow am Pool, eine Showansage oder als Stimmungskanone während eines Turniers, Moderation steht hier auf der Tagesordnung.

Das Tagesteam ist für die Organisation und Durchführung sämtlicher Gameshows, Poolspiele etc. verantwortlich. Auch hier sind ständig neue kreative Ideen gefragt. Oftmals sind die Tagesanimateure auch für die Redaktion der Clubzeitung zuständig. Dies bedeutet, stets die neusten Trends und Geschichten innerhalb der Clubanlage, lustige Interviews und natürlich das Aktionsprogramm jeden Tag in eine Zeitungsseite zu verpacken. Meist wird hierfür ein Animateur ausgesucht, der den Reporter und den Redakteur in einer Person darstellt.

Morgens Boccia spielen, mittags schnell eine Gameshow organisieren und später die große Strandolympiade ... – und bitte immer bunt und lustig verkleidet!

Abendanimation (Showteam)

Meist wuseln sie den ganzen Tag über hinter der Bühne herum und rackern sich ab, dann werden sie beim langersehnten Kaffeepäuschen an der Poolbar auch noch frech gefragt, was sie eigentlich im Club arbeiten. Man sieht sie tagsüber selten bis gar nicht, weil sie damit beschäftigt sind, das vielseitige Abendprogramm vorzubereiten und durchzuorganisieren: das sind sie, die Abendanimateure. Während tagsüber die Animationsprogramme ablaufen, beschert der Club dem Urlauber abends ein umfangreiches Unterhaltungsprogramm. Neben zahlreichen Musicalaufführungen, Theatershows und Unterhaltungsshows sind das Gästeshows, Spielabende, Tanzabende und vieles mehr.

In den meisten Anlagen läuft ein 2-3-Wochen-Show-Programm. Das bedeutet Abwechslung jeden Tag. Bei einer Abendshow wirken alle Animateure mit. Ob Tanz, Theater, Sketch – jeder ist dabei. Was abends auf der Bühne so perfekt aussieht, ist in Wirklichkeit harte Arbeit: Proben, proben und nochmals proben. Regisseure, Bühnenbildner, und Techniker bringen eine Show in einen Club, wo sie dann von der Abendanimation übernommen wird. Das Showteam studiert sämtliche Bühnengeschehnisse mit der Crew ein. Sie ist für die Probenleitung und teilweise für den riesigen Kostümfundus verantwortlich, auch eigene Choreographien sind hier gefragt, z.B. bei einer Gästeshow oder verschiedenen Tanzaufführungen außerhalb der Show. Ob bei Starlightexpress auf Rollschuhen oder bei Phantom der Oper unter der Maske, Les Miserables, König der Löwen, auch Showeinlagen um Mitternacht in der Diskothek dürfen nicht zu kurz kommen. Die anstrengenden Vor- und Nachbereitungen jeder Bühnenshow verschlingen oftmals Stunden.

Meist ist das Showteam alles in einem: Regisseur, Choreograph, Kostümiere und Pinselputzer. Wer nämlich glaubt, es sei nur Glitzer und Glimmer, der hat sich gewaltig getäuscht. Kostüme reinigen, Knöpfe annähen (oder einfach antackern), Wäschekörbe schleppen, bügeln, putzen, aufräumen ... bevor man in die Ballettschuhe steigt.

Zum Dank hört man auch noch angenervte Sprüche der anderen Animateure, die verständlicherweise selbst völlig überreizt in der Acht-Uhr-Probe früh am Morgen stehen, oder wieder mal eine Nachtprobe durchhalten müssen. Aber so ist das nun mal im Showgeschäft!

Kinder- und Jugendbetreuung

Eines der vielseitigsten Angebote in einem Urlaubsclub ist wahrscheinlich das Freizeit-, Spiel-, Sport- u. Spaßangebot für die kleinen Gäste. Was täglich mit einem Kinderclub-Tanz beginnt, endet über Piratenkämpfe, Bastelaktionen, Sandburgenwettbewerbe, Schatzsuchen und Kindershows letztlich in der Kinderdisco.

Kindern und Jugendlichen wird in einem Urlaubsclub allerhand geboten. Selbstverständlich werden die Kinder in unterschiedliche Altersklassen eingeteilt; Babygruppen, Kleinkinder, Schulkinder und Teenager.

Kinder und Jugendanimateure betreuen von früh bis spät ihre Gruppen und begleiten die Kinder meist durch den gesamten Urlaub. Der Kinderanimateur hat eine ähnliche Aufgabe wie ein Kindergärtner, nur verfügt er innerhalb eines Urlaubsclubs eben über viel mehr Freizeitangebote als in einem normalen Kindergarten.

Kinderanimateure planen und gestalten Programme wie Shows, Minidiscos, Nachtwanderungen und Ausflüge für Kinder, sind aber auch für die "normale" Betreuung des Nachwuchses verantwortlich, d.h. sie spielen und singen, malen und basteln auch mit ihnen. Wünschenswert sind neben dem Spaß am Umgang mit Kindern und Jugendlichen auch eine pädagogische oder sozialpädagogische Ausbildung (z.B. als Erzieher) oder ein entsprechendes Studium und Erfahrung im Umgang mit Kindern und Jugendlichen (Gruppenbetreuung, Praktika in Kindergärten oder bei Ferienfreizeiten. Wichtig sind auch Kreativität, Spaß am Singen und Musizieren und die Kenntnis der aktuellen Trends und Musikrichtungen bei Jugendlichen.

Familien ist ein Cluburlaub wärmstens zu empfehlen, da die Eltern auf diese Weise mal wieder Zeit finden, sich zu entspannen und die Kinder eh untereinander mehr Spaß haben als mit Mama und Papa.

Auch wenn dieser Teil der Animation so unbeschwert und spielerisch erscheint, gehört er zu den verantwortungsvollsten Aufgaben. Die Kinder den ganzen Tag über zu betreuen, kann so anstrengend sein, dass man Nerven wie Drahtseile gebrauchen könnte. Es ist aber gleichzeitig eine wundervolle Aufgabe, da Kinder unglaublich leicht zu begeistern sind. Man bekommt stets viel zurück und ist am Urlaubsende meist der Auslöser für Abschiedstränen.

Nur schade, dass einige Eltern weniger Spaß an ihren Kleinen zu haben scheinen, denn oftmals werden die Gören nach einem anstrengenden Tag nicht abgeholt und man darf erstmal endlos nach den verschollenen Eltern fahnden.

Besondere Fälle gibt es immer:
Hin und wieder lassen die Eltern ihre völlig verstörten, kreischenden Kinder im Kinderclub, obwohl diese überhaupt keine Lust dazu haben. Manche Eltern verstehen "Urlaub mit Kind" als "Urlaub vom Kind" und überantworten den Nachwuchs am liebsten den Animateuren, wo immer es geht. Praktisch für die einen, bemitleidenswert für die anderen.

Kinder betreuen

Alina, die als Kinderanimateurin in einem kleinen Hotel auf Lanzarote arbeitete, erzählt von ihren Erlebnissen:

„Das Team bestand lediglich aus meinem Chef und mir; ich war für die Kiddies im Alter zwischen 4 und 12 Jahren zuständig. In der Zeit zwischen 10.30-13 und 15-17 Uhr leitete ich den Miniclub. In dieser Zeit malten, bastelten oder spielten wir verschiedene Spiele wie Sjolen, Shuffleboard, Hockey, Wasserspiele etc. Zudem organisierte ich an manchen Tagen "Motto-Tage" (Piraten-, Indianer-, Zirkus-Tag). Insbesondere letzterer hat den Kindern gefallen, da sie die am Tag geprobten Stücke am Abend ihren Eltern und den anderen Urlaubsgästen präsentieren konnten. Ab 17 Uhr hatte ich bis zur Minidisco, die um 20 Uhr 30 anfing, ein wenig Zeit für mich.

Um 21 Uhr 45 fanden täglich unsere Shows statt, die meist von Professionellen ausgeübt wurden. Nach der Show war noch etwas Smalltalk mit den Gästen angesagt, und ab Mitternacht ging mein Tag zu Ende."

Besonders schöne Erinnerungen hat Alina an die Weihnachtszeit, in der sie mit den Kids im Miniclub Sterne gebastelt und in der Disco-Bar aufgehängt hat.

„Außerdem haben wir einen Weihnachtsbaum in der Empfangshalle dekoriert, und am 24. sollten wir Butter-Plätzchen backen. Da das Hotel keine Ausstechförmchen hatte, brachte mein Chef sogenannte Spritztüten ... – was daraus am Ende entstand, kann man sich ja ausmalen! Keine Plätzchenformen, sondern das komplette Blech bestand nach dem Backen aus einem großen Teighaufen. Die Kinder hatten auf jeden Fall Spaß, und es hat geschmeckt. An diesem Tag gab es zudem ein großes Gala-Diner, und anschließend kam Santa Claus auf die Bühne, wo die Kleinen ihre Geschenke von den Eltern und vom Hotel bekamen. Ich war als Engel verkleidet und habe Santa die Geschenke überreicht."

Lustige Luftballons ...

Silvester erlebte Alina dagegen weniger besinnlich:
„An diesem Tag habe ich meinen Chef echt verflucht. Er brachte mir 500 Luftballons, die mit den Kindern für die Silvesterparty am Abend aufzupumpen waren. Ein tolles Mitbringsel. Die Kids waren von dieser Idee überhaupt nicht zu überzeugen, und nach nur einer halben Stunde saß ich alleine da. Alle Ballons waren nach einigen Stunden aufgepumpt. Naja, und am Abend hat er dann nur ca. 50 Ballons benötigt ..."

Sketche

Auch *Katharina*, die einen Sommer in einem Hotel auf Kreta verbrachte, arbeitete als Kinderanimateurin, allerdings war das Animationsteam etwas größer als bei Alina: Neben einer Kollegin, die mit ihr den Miniclub betreute, waren noch drei Sportanimateure vor Ort. „Mein Arbeitstag begann morgens um 9 Uhr mit dem gemeinsamen Frühstück des Ani-Teams, anschließend ging jeder auf seine Position und bereitete die Aktivitäten für den Tag vor. Gegen 10 Uhr öffneten wir den Miniclub, wo wir unseren großen und kleinen Gästen täglich wechselnde Aktivitäten boten, wie Banana-Boot fahren, T-Shirts bemalen, Kinderschminken und vieles mehr. Jeden Mittag traf sich unser Team am Hauptpool zum großen Poolgame, wo Spiele wie Eiswürfel-Weitspucken, der Arschbombencontest und Pooltennis die Höhepunkte des Nachmittages waren. Danach gab es auch für uns eine kleine Siesta, bis es gegen 15 Uhr wieder an der Zeit war, die kleinen Gäste in Obhut zu nehmen. Am Abend hieß es mit der Minidisco „Bühne frei für die Kids". Später gab es dann für die Erwachsenen Bühnenprogramm, wie die Travolta-Show, Crazy Mix oder die Sketch-Show. In unserer Travolta-Show etwa boten wir unseren Gästen die verschiedenen Tänze aus den Travolta-Filmen, wie Grease und Saturday Night Fever. Der Crazy Mix war, wie der Name schon sagt, ziemlich verrückt. Bei diesem Mix tanzten wir 54 verschiedene Musiktitel in nur 45 Minuten. Keines der Musikstücke dauerte länger als 1,5 Minuten, was bei uns

Backstage so manches Mal zu großem Chaos führte, da jedem nur wenige Sekunden zum Kostümwechsel blieben.

Unsere Sketch-Abende bereiteten uns besonders viel Spaß, denn wer schlüpft nicht gern kurz in die Rollen von Britney Spears, Angelina Jolie oder Robin Hood? Aber auch Pannen blieben dabei nicht aus; auch ich stand schon mit einer sich bis zum Knöchel selbstständig gemachten Hose auf der Bühne. Die Lacher waren auf meiner Seite, und somit war bewiesen: auch uns dürfen Pannen unterlaufen! Um Mitternacht war meist der Tag für uns zu Ende, wenn es nicht hieß: *"Wir müssen noch proben!"* Unsere Proben fielen mir nicht so leicht, was zum Teil an den Uhrzeiten und zum Teil daran lag, dass ich keinerlei Bühnenerfahrung hatte. Die Proben konnten gut bis 2-3 Uhr morgens gehen; alle Tanzschritte und Texte mussten sitzen, und die Kostüme mussten vorbereitet werden. Glücklicherweise hatte ich die Unterstützung des gesamten Teams, so dass ich bereits an meinem zweiten Tag in den Shows mitwirken konnte. *Das erste Mal* war ganz schön aufregend; ständig fragte ich mich: *„Kannst du alle Texte, hast du an alles gedacht?"* Als unser Schlachtruf verklungen war, hieß es *„the show must go on!"* Sobald ich auf der Bühne stand, war jede Nervosität verflogen und alles lief von ganz allein ..."

Außerhalb der Arbeitszeiten war Katharina froh, etwas Abstand zu haben: „Unsere Unterkunft war ein wenig außerhalb der Hotelanlage gelegen, was ich an meinen freien Tagen sehr zu schätzen lernte. Besonders beliebt bei uns war der Freitag, denn da hatten wir unseren freien Tag – endlich hatten auch wir einmal die Zeit, etwas von der Insel zu sehen. Für uns als Team war es wichtig, auch einmal etwas gemeinsam zu erleben, außerhalb der Hotelanlage. Mein bestes Erlebnis auf Kreta war die Ani-Party unserer Firma, die den Abschluss der Saison bildete. Rund sechzig Animateure unserer Firma kamen zusammen – jeder kann sich wohl sehr gut vorstellen, wie crazy diese Party war." Zu guter Letzt hat Katharina noch einen Tipp für alle, die nach einer sonnenreichen Saison zurück in die Heimat fliegen: „Bereitet euch mit warmen Klamotten darauf vor, damit ihr nicht wie ich mit Shorts und Flip Flops im Schnee steht …"

Auf Trab...

Als Kinderanimateurin arbeitete auch *Johanna*, die über eine Agentur in ein Hotel auf Kreta kam.

„Die Agentur hat mir den sowohl den Hinflug nach Heraklion, als auch im Oktober den Rückflug nach Deutschland bezahlt. Kaum im Hotel, ging es auch schon los. Ich wurde von den anderen Animateuren (drei aus Italien und ein Grieche) begrüßt und hatte die Möglichkeit, mir kurz alles anzusehen. Den ersten Tag habe ich beobachtet, wie die anderen alles machten, und am nächsten Tag folgte dann schon ein richtiger Einsatz. Meine Hauptaufgabe war die Leitung des Miniclubs des Hotels. Von nun an hieß es jeden Morgen um 10 Uhr für die Kinder bereit zu sein. Wir haben die unterschiedlichsten Dinge gemacht: von Malen über Basteln und Ausflügen in den hoteleigenen Zoo bis hin zum Ballspielen im Wasser, Tanzen und Singen u.v.m. Ab und zu habe ich auch im Poolbereich Aquafun o.A. übernommen, also leichte Aerobic im Wasser mit den Hotelgästen.

Abends habe ich die Mini-Disco geschmissen, gefolgt vom Abendprogramm. Das ging von „Sketcheshow" bis „Dance-Lesson". Vor allem die Sketchshow war für mich eine Herausforderung – nicht nur weil sie in einer anderen Sprache ablief, sondern auch, weil ich überhaupt keine Erfahrung damit hatte. Nach dem zweiten Mal funktionierte es aber problemlos und bereitete viel Freude! Wegen der vielen italienischen Gäste waren meine fließenden Italienischkenntnisse von großem Vorteil. Außerdem konnte ich Englisch gut gebrauchen, um mit den anderen Gästen ins Gespräch zu kommen. Im Team verstanden wir uns gut; ich kam sehr gut mit allen zurecht, auch wenn manchmal Meinungsverschiedenheiten auftraten oder einige sich als ziemlich unzuverlässig erwiesen, weil sie eher „Urlaub" im Kopf hatten ..."

Blitzableiter

Ganz einfach hat man es nicht als Animateur, erzählt Johanna:
„Man ist für die Gäste meist der erste Ansprechpartner, wenn es um Beschwerden o.Ä. geht. Es war unsere Aufgabe, den Gästen und den Kindern einen möglichst schönen Urlaub zu ermöglichen. Das hat viel Freude bereitet – aber viel Schlaf bleibt Animateuren nicht! Aber in der Sonne, am Meer lässt es sich einfach besser arbeiten. Meine Energie für den Tag habe ich mir in meiner einstündigen Mittagspause am Strand in der Sonne geholt.

Noch kurz zu den Arbeitszeiten. Ich habe von 10 bis 14 Uhr gearbeitet und hatte dann eine Stunde Mittagspause. Danach ging es dann bis ca. 18 Uhr weiter. Nach dem Abendessen begann die Mini-Disco, gefolgt vom Abendprogramm." Zu zwischenmenschlichen Kontakten verrät Johanna augenzwinkernd: „Natürlich waren Flirts mit den Gästen eigentlich untersagt, aber man lernt eben viele nette Menschen kennen und die Sonne scheint – und man flirtet doch gerne, auch im Animationsteam ..."

Unterhaltungstipps nach Altersgruppen

Baby-Betreuung

Keine Bange, man ist nicht völlig allein mit einem Haufen 0-2-Jähriger; in der Regel ist ein Elternteil dabei. Diese Altersgruppe ist mit recht simpler Unterhaltung zufrieden.

Säuglinge bis drei Monate etwa nehmen ihre Umgebung noch nicht bewusst wahr. Außer Streicheln und Wiegen kann man dem Neugeborenen etwas vorsingen. Etwas größere Babys zwischen drei und sechs Monaten lassen sich durch

Grimassen und Vorsingen ebenso unterhalten wie mit Gegenständen, die sie untersuchen können. Am liebsten haben sie Dinge, die Geräusche von sich geben, wenn man sie schüttelt. Babys zwischen sechs und neun Monate haben immer noch große Freude am Untersuchen von Gegenständen. Alles, was Geräusche macht, wird nun immer interessanter. Ist das Baby ein dreiviertel bis ganzes Jahr alt, sind Dinge, mit denen man Krach machen kann, immer noch der Renner. Geliebt wird in dieser Phase auch das "Wo bin ich?" -Versteckspiel, bei dem man sich oder nur sein Gesicht verbirgt und mit einem "Guck guck!" wieder hervorkommt.

Die Kleinen sind gerade dabei, die Welt zu entdecken, weswegen Tast-, Riech- und Fühlspiele besonders gut ankommen. Fingermalfarben sprechen besonders die Älteren an. Faszinierend finden kleine Kinder auch gut zugeschraubte Plastikflaschen mit Wasser und Spülmittel drin, die sie schütteln können. Türme aus Bauklötzen bauen und wieder umschmeißen steht auch ganz oben auf der Liste der Ein- bis Zweijährigen, ebenso Seifenblasen machen. Was allen gefällt: Tiergeräusche (auf CD) abspielen und nachmachen: muhen, zwitschern, grunzen, quietschen. Da machen alle gerne mit!

Vielen Babys gefällt auch Bewegung – also mehr oder weniger schwungvoll im Kreis drehen, "fliegen lassen", über den Kopf stemmen, mit ihnen auf dem Arm tanzen, ihnen etwas vortanzen … Gerne wird auch im Kinderbecken geplanscht. Spontane "Krachmach-Aktionen" mit Topfdeckeln und Kochlöffeln bereiten den Kleinen auch große Freude.

Zur Vorweihnachtszeit kann man gemeinsam Plätzchen backen. Generell wird gerne herumgematscht – mit Sand, Matsch, Knete, oder eben Kuchenteig. Auch aktivere Spiele sind möglich – "Fangi" und "Wettrennen" etwa, oder Spiele mit Bällen und Luftballons.

Kinder bis 7 Jahre:

Eine besonders quirlige, energiegeladene Altersgruppe! Die lieben Kleinen wollen den ganzen Tag klettern, schreien, rennen, basteln, singen, spielen, malen, etc. Besonders beliebt sind Mottotage, an denen man sich passend verkleidet und aufregende Schatzsuchen und andere Spiele veranstaltet, z.B. ganz passend am Piratentag. Andere Ideen für Mottotage sind Strandtag, Märchentag, Gespenstertag, große Olympiade, und und und.

Malen, generell Selbergestalten finden Kinder in diesem Alter toll. Man zeichnet ein paar Grundformen vor (Haus, Wald, Sonne, Tiere, Menschen), und die Kinder dürfen das dann ausmalen. Immer beliebt ist auch das Kartoffelstempeln – man schnitzt aus Kartoffeln Herzchen, Sterne und einfache Muster, die Kinder dürfen Farbe draufpinseln, und fertig ist der Stempel. Stempeln geht aber auch noch einfacher: die Handflächen mit Wassermalfarbe bepinseln und Handabdrücke machen. Oder einen Bogen weißes Papier zerknüllen, wieder auseinanderfalten und alle Knicke farbig nachmalen. Gerne wird mit Lego gespielt.

Auch Hampelmänner und -tiere lassen sich recht einfach herstellen: dazu aus Tonkarton einen Kopf, Arme, Beine und Bauch ausschneiden und die Gliedmaßen mit Musterbeutelklammern am Rumpf befestigen. Je mit einem Faden Arme und Beine verbinden und dann einen Faden daranknoten, der zwischen den Beinen herausbaumelt – fertig ist der Hampelmann! Große Freude bereitet auch das "Baum-Pusten" – Vorsicht, am besten mit alter Kleidung und ausreichend Tropfschutz: dazu mit einem Schwamm ein Stück Tonpapier befeuchten, und etwas verdünnte Plakafarben am Bildrand platzieren (am besten mit einer Pipette). Mit einem Strohhalm vorsichtig draufblasen und skurrile Bäume mit weit verästelten Zweigen kreieren.

Schöne Dinge lassen sich aus Salzteig herstellen. Dafür 2 Teile Mehl, 1 Teil Salz und 1 Teil Wasser mit etwas Öl verkneten und draufloskneten. Die fertigen Kunstwerke einen Tag durchtrocknen lassen, Ofen auf 50 ° vorheizen und je nach Größe der Figuren ein bis zwei Stunden backen. Danach anmalen. Man sollte natürlich darauf achten, dass die Kinder den Teig nicht in Massen essen, aber er schmeckt durch das ganze Salz ohnehin nicht gut.

Faszinierend finden es die Kleinen, Kresse o.Ä. anzupflanzen. Dazu Kressesamen in feuchte Watte legen und warm und hell stellen. Aus Walnüssen lassen sich Miniboote herstellen (kleine Fahnen aus Zahnstochern basteln und mit Knete befestigen) und kleine Rennen veranstalten.

Ein Memoryspiel, in dem die Kleinen übrigens ganz groß sind, lässt sich leicht zusammen basteln. Dazu gleich große Pappkarten ausschneiden (oder die schon fertigen im Bastelladen kaufen) und mit allerlei Motiven bekleben. Spielt das Wetter mit, kann man mit den Kindern Drachen basteln und im Anschluss stolz steigen lassen.

Kinder zwischen 7 und 12 Jahren

Im Prinzip lassen sich mit 7-bis 12-Jährigen auch viele der Outdoor-Aktivitäten in Angriff nehmen, die oben beschrieben wurden – Schatzsuche, Drachenbasteln, Strandolympiaden, etc. – die Kinder sind leicht zu begeistern und machen (fast) alles mit.

Kreativität will sich auch in dieser Altersgruppe austoben, z.B.: Postkarten basteln (Bekleben, Bemalen, Bestempeln), Perlenketten auffädeln, Steine bemalen, Tiere aus Kiefernzapfen, Kastanien und Zahnstochern bauen, Blumen pressen und damit Bilder kleben, Schächtelchen mit Serviettentechnik bekleben, Blätter sammeln und Collagen daraus kleben, Stiftebecher aus Klopapier oder Konservendosen basteln und bekleben, Fensterbilder basteln, Taschen oder T-Shirts mit Stofffarbe bemalen, Jonglierbälle herstellen (dazu Sand in einen Luftballon füllen, den Luftballonhals abschneiden und mit einem zweiten halslosen Luftballon "umgekehrt" verschließen).

Jugendliche

Alte Flaschen lassen sich prima mit etwas Silberdraht und ein paar Perlen verzieren – einfach mit der Zange in Form biegen und eine Art Netz um die Flasche legen.

Auch aus Pappmachée lassen sich tolle Dinge herstellen – Schalen, Sparschweinchen (einen Luftballon bekleben) oder Kasperlepuppen und Masken. Dazu einen Haufen Papierschnipsel (Zeitung zerreißen – schon das macht den Kindern meist viel Spaß) mit Kleister verrühren, bis eine klebrige Masse entsteht. Nach dem Trocknen lustig bemalen.

Jugendliche

Teenager sind unabhängig und freiheitsliebend; wer mit ihnen arbeitet, sollte sich dessen stets bewusst sein. Oft wird das sorgfältig ausgearbeitete Programm umgeschmissen, weil den lieben Teens gerade mehr nach Bananenbootfahren ist – oder sie ein Lagerfeuer machen wollen. Hat man einen guten Draht zu dieser Altersgruppe, so kann man sich auf eine abwechslungsreiche Zeit freuen: Ausflüge, Strandolympiaden, Chillen am Pool, Volleyball-Wettbewerbe, Hip-Hop-Sessions und Streetdance …

Kinderfreizeiten und Jugendreisen

Auch einen Bereich der Animation stellt die Betreuung von Kinderfreizeiten und Jugendreisen dar. Egal, ob bei betreuten Jugendreisen oder Freizeitcamps für Kinder – an die selbst oft noch jungen Betreuer werden neben einem gerüttelten Maß an Verantwortungsbewusstsein oft noch eine ganze Reihe an Anforderungen gestellt, z. B. der Rettungsschwimmerschein oder der Große Erste-Hilfe-Schein. Wer den Übungsleiterschein in diversen Sportarten hat, ist Co-Bewerbern noch mal eine Nasenspitze voraus.

Ferienlager mit Mottos wie Piratendorf, Steinzeit oder Karibische Inseln verlangen nach kreativen Spielen, Bastelanleitungen und fantasievollen Kostümen.

Eine „Karriere" als Pfadfinderleiter oder KJG-Begleiter ist sicherlich eine erstklassige Qualifikation, die den Bewerber um einen Animateurposten von der breiten Masse abhebt. Wer sich schon mit schreienden Kinderhorden, Bastelmaterial-Engpässen und pubertierenden Jugendlichen herumgeschlagen und dabei die gute Laune behalten hat, weiß, dass einem der Animateur-Job liegt. Ganz zu schweigen von den eisernen Nerven, der Souveränität in kitzligen Situationen und ganz generell dem immensen Erfahrungsschatz, den man davon mitnimmt. Grund genug also, schon früh genug mit der Bespaßung der Menschenhorden zu beginnen.

Pfadfinderleiterin

Von ihren Erfahrungen als Pfadfinderleiterin berichtet *Babsi*:
„Die Pfadfinder-Organisation (*Scouts*) ist mit ca. 38 Millionen Mitgliedern, die in mehr als 216 Ländern der Welt verstreut sind, die größte internationale Institution, die sich der Arbeit mit Kindern und Jugendlichen verschrieben hat. Sie ist überkonfessionell und unpolitisch."

Zur Organisation dieser weltweiten Gemeinschaft erzählt Babsi: „In den einzelnen Staaten gibt es meist Landesverbände als Schnittstelle zwischen dem Dachverband und den kleineren Untereinheiten, den Pfadfindergruppen, in Österreich zurzeit etwa 300. Bereits im Kindergartenalter ist es den Kindern möglich, ein Teil dieser Gruppe zu werden, in der Teamgeist und Naturverbundenheit eine wichtige Rolle spielen.

Die verschiedenen Altersstufen tragen besondere Namen: Die Kleinsten werden als „Biber" bezeichnet, Mädchen zwischen sechs und zehn heißen „Wichtel" und die gleichaltrigen Buben sind die „Wölflinge". Daran schließen die „Guides" (Mädchen) und „Späher" (Jungs) im Alter von zehn bis ca. 13 Jahren an, gefolgt von den „Caravelles" (Mädchen) und „Explorern" (Jungs) zwischen 14 und 16 Jahren. Die letzte Stufe stellen die „Ranger" für die Mädchen und „Rover" für die Jungs dar; nach dieser kann man sich entscheiden, ob man vielleicht selbst Leiter wird, an den Treffen der „AltRaRo" teilnehmen möchte, oder die Zeit bei den Pfadfindern damit beendet. Jeder Jugendleiter macht dann eine spezielle

Ausbildung und arbeitet in ehrenamtlicher Tätigkeit. Wichtig: Man kann mit jedem Alter, bzw. auch überhaupt erst als Leiter einsteigen!"

Und wie läuft so ein Pfadfinderalltag ab?

„Jede Altersstufe trifft sich normalerweise einmal pro Woche für ca. eineinhalb Stunden, wobei die Zeiten hier sowohl von der Uhrzeit als auch der Dauer von jeder Pfadfindergruppe individuell abgewandelt werden können. Die Programme dieser sogenannten Heimabende werden von den Leitern entwickelt und sollen bestimmte Inhalte und Werte (Umwelt- und Freizeitpädagogik) mit Spaß vermitteln.

Abgesehen von den wöchentlichen Treffen gibt es immer wieder Ausflüge, und durchschnittlich viermal im Jahr fährt man in der eigenen Altersstufe oder auch mit der gesamten Gruppe, manchmal auch international, auf Lager. Nun ist es zum Verständnis noch wichtig zu wissen, dass man bis inkl. Wichtel- bzw. Wölflingsalter auf Lagern im Haus schläft, danach allerdings in Zelten. Dann lernen die Jugendlichen auch verschiedene Lagerbauten zu errichten, wie beispielsweise eine eigene Kochstelle, da sie manchmal für sich selbst kochen müssen.

Nun, da das Allgemeine kurz erklärt ist, kann näher auf einen gewöhnlichen Lagerablauf eingegangen werden. Zu beachten ist allerdings, dass sich die folgenden Angaben auf die Altersstufe der Wichtel und Wölflinge bezieht, die eben noch im Haus übernachten. Die Methode zum Übermitteln von Inhalten etc. ist in dieser Altersgruppe das Spiel.

Jedes Lager beginnt mit der gemeinsamen Anreise, dem Beziehen der Schlafstätten und ersten (Kennenlern-)Spielen, um sich rasch an die neue Umgebung und ggf. an die anderen Kinder zu gewöhnen. Es werden grundlegende Regeln mit den Kindern erarbeitet, die den zwischenmenschlichen Umgang ebenso betreffen wie etwaige Verbote. Den Kindern wird gezeigt, wo sie was finden, ferner werden die Bereiche abgegangen, in denen sich die Kinder aufhalten dürfen, etc. Es wird also alles gemacht, um das Lagerleben geregelt und angenehm zu gestalten.

Nach der Eingewöhnungsphase folgt der „Lageralltag". Dabei bilden die selbstverständlichen Dinge wie zeitgerechtes Aufstehen, Zähneputzen oder geregelte Mahlzeiten den Rahmen für das vielfältige Tagesprogramm, das von den Leitern im Vorfeld geplant und organisiert wird.

Ausgleichende Abwechslung zwischen sportlichen Betätigungen und inhaltsvermittelnden Spielen, zum Beispiel in Form von Workshops, ist ein Schwerpunkt jeden Lagers. Es ist wichtig, dass die Kinder Spaß haben und sich wohlfühlen. Darüber hinaus soll auch dazu angeregt werden, Neues kennenzulernen und Herausforderungen zu bewältigen.

Jedes Lager ist anders, hat unterschiedliche Themen an unterschiedlichen Orten. Aber es gibt ein paar Dinge, die bei jedem Lager zum Programm gehören, z.B. die Lagerfeuer mit Gesang und eventuellen Darbietungen der Kinder, die zu Favoriten der Lager gehören. Spezialabzeichen, die die Leistungen und besonderen Fähigkeiten der Kinder honorieren, werden auch innerhalb des Tagesprogramms gemeinsam erarbeitet, ebenso wie diverse Stationen, bei denen die Kinder selbst etwas schaffen können. Andere optional einsetzbare Lagerbestandteile sind zum Beispiel Ortserkundungen, Quizze oder Schnitzeljagden."

Und was tut nun so ein Pfadfinderleiter, was sind seine Freuden und Pflichten? „Abgesehen vom Programm sind die Jugendleiter für die Betreuung, Unterstützung und Förderung der Kinder zuständig. Sie agieren als Weckdienst, Essensausgeber, Orientierungshilfen, Schwimmaufsicht, Gesprächspartner, Märchenerzähler, Unterhalter, etc. um nur ein paar ihrer Aufgaben zu nennen ..."

Und welchen Lohn nehmen die Leiter mit nach Hause, was ziehen sie aus der kunterbunten Gemeinschaft? „Wenn die Lagerzeit vorüber ist und man gemeinsam die Heimreise antritt, kehrt man immer mit neuen Erfahrungen zurück. Die Gemeinschaft und Internationalität, die die Kinder und Jugendlichen, aber auch die Leiter selbst auf Lagern (er)leben, ist etwas ganz Besonderes und macht jedes Lager zu etwas Schönem und Einzigartigem."

Welche Möglichkeiten der – teils ehrenamtlichen – Kinder- bzw. Jugendleitertätigkeit gibt es noch? Zum einen existieren die klassischen Kinder- und Jugendgruppen, bei denen man im Laufe der Zeit vom Teilnehmer in das Leiterdasein „hineinrutscht" – so etwa bei der KJG (Katholische junge Gemeinde), den Pfadfindern, dem BDKJ (Bund der katholischen Jugend), und weniger bekannten Vereinen und Gruppierungen wie der Sportjugend oder der Naturfreundejugend. Kinder- und Jugendreisen bieten auch das Deutsche Rote Kreuz oder das Jugendherbergswerk an, außerdem zahlreiche kleinere, regionale Gruppen. Eine Auswahl findet sich im Adressteil im hinteren Teil des Buches.

JuLeiCa – Jugendleiter-Card

Hierbei handelt es sich um einen bundesweit anerkannten Nachweis der Jugendleitertätigkeit. Erwerben kann sie jeder, der als Jugendleiter auf *ehrenamtlicher* Basis für einen Träger der freien Jugendhilfe oder für einen Träger der öffentlichen Jugendhilfe tätig ist. Im Gegenzug berechtigt die JuLeiCa zu Ermäßigungen und manchmal zur Freistellung von Eintrittspreisen und sonstigen Gebühren (z.B. Schwimmbad, Kino, Kultur- und Freizeiteinrichtungen, Ausleihe Bildungsstätten, etc.). Welche Einrichtungen Rabatte gewähren, ist auf der Homepage www.juleica.de zu erfahren, wie auch umfangreiche weitere Informationen. Anerkannt und geschätzt wird die JuLeiCa auch vor allem deswegen, weil der Inhaber in jedem Fall ein erfahrener Jugendleiter ist, der eine praktische und the-

oretische Ausbildung durchlaufen hat. Dazu gehören mindestens 40 Unterrichtseinheiten zu je 45 Minuten, darunter mindestens 15 Unterrichtseinheiten, in denen pädagogische, jugendpflegerische, jugendpolitische und organisatorische
Kenntnisse und Handlungsfähigkeiten vermittelt werden.

<u>Tipp</u>: Auf dem Jugendserver Niedersachsen, www.jsnds.de, findet man neben
einem Handbuch für Jugendleiter ausführliches Infomaterial, Checklisten, Teil-
nehmerfragebögen, etc.

Kinder- und Jugendfreizeiten sind auch bei kommerziellen Anbietern im Programm – oft, wie bei RUF, sogar ein wesentlicher, wenn nicht gar alleiniger
Programmpunkt. Im Gegensatz zu den zuvor genannten ehrenamtlichen Tätigkeiten lässt sich bei diesen Reisen als Leiter meist auch etwas dazuverdienen, je
nach Tätigkeit und Erfahrung. Bei RUF beispielsweise hat man neben den offen-
sichtlichen Bereichen wie Kinder- und Jugendreiseleitung (Teamer) und Animation auch die Möglichkeit, als Koch (Cookie), Reinigungskraft, Nachtwächter,
Rezeptionist, Materialteamer, Clubtechniker, u.Ä. zu arbeiten.

Teils werden auch intern Fort- und Weiterbildungskurse angeboten. Dabei werden u.a. auch Zertifikate erworben, beispielsweise als Fachreiseleitung. Oft ist
die Teilnahme an einer Schulung Pflicht, bei der rechtliche Grundlagen (Aufsichtspflicht, Haftungsfragen, Jugendschutz), Umgang mit Konfliktsituationen,
Verhalten bei Notfällen und Krankheiten, Erlebnispädagogik, Kochen für Groß-
gruppen etc. aufs Tapet kommen.

Seniorenanimation

Neben dem internationalen Clubtourismus und Kinder- und Jugendfreizeiten
zählt mittlerweile vermehrt auch die Seniorenanimation zu den möglichen Aufgaben eines Animateurs. In Seniorenwohnheimen werden nicht mehr lediglich
Kaffeekränzchen veranstaltet und viel ferngesehen, sondern es wird gebastelt,
gestrickt und gemalt, Sinn- und Tastspiele werden gespielt, Nordic Walking-
Gruppen gegründet, etc.

Duchschnittsalter 90 Lenze

Tobias war über die Evangelischen Freiwilligendienste ein Jahr lang als Animateur in einem Altenheim im südfranzösischen Valence tätig und berichtet von
seinen Erfahrungen:

„Wie viele andere, die in der Betreuung älterer Menschen arbeiten, bin auch ich
der Meinung, dass kein Allgemeinrezept existiert. Gerade bei Senioren hängt die
Unterhaltung wesentlich von der „Klientel" ab. Dabei kommt es weniger auf das
Alter, als vielmehr auf die geistige und körperliche Fitness an. Ich habe schon

mit einer 98-Jährigen getanzt oder mit über 90-Jährigen Gymnastik gemacht und gleichzeitig gesehen, wie Personen Anfang 80 gar nicht oder nur sehr schwer zu bewegen waren, an einer Veranstaltung teilzunehmen.

Allem voran habe ich dem Alter Respekt gezollt; was mir am Anfang allerdings schwer fiel war, zu akzeptieren, dass sie auf meine Frage zur Teilnahme an der Animation oft antworteten, sie seien zu müde. Die Generation, die heutzutage in Altenheimen wohnt (das Durchschnittsalter bei uns lag um die 90 Jahre), arbeitete meist schon seit dem 15. Lebensjahr oder früher und hat daher durchaus das Recht, müde zu sein.

Mit zunehmender Zeit lernte ich meine Pensionäre besser kennen und wusste dann Techniken und Umgangsformen, um sie vielleicht doch zu motivieren. Manchmal kommt man einfach in einem völlig falschen Moment. Ich wollte einmal beispielsweise eine Dame zur Gymnastik abholen, trat nach Anklopfen in ihr Zimmer ein, und kaum hatte ich zwei Worte gesprochen, erläuterte sie mir in einem Redeschwall ihre Schmerzen und Probleme mit dem Personal und dass sich niemand um sie kümmere. Dem hörte ich zu und versuchte nicht, gegen sie zu argumentieren, sondern ging, nachdem sie fertig war und kam 20 Minuten später noch einmal, um zu sehen, ob sie vielleicht jetzt doch Lust hatte. So hilft es manchmal, einfach erneut nachzufragen.

Oft wurde mir auch geantwortet, dass man Besuch erwarte und der Besuch ja dann gar nicht wisse, wo man sei. Hier schrieb ich einen Zettel mit der Information, dass die Person im Aufenthaltsraum an der Animation teilnahm, wenn er oder sie einverstanden war.

Meist half es auch schon, wenn ich einfach erklärte, dass die Gymnastik sitzend vonstatten gehe oder dass man sich während der Lektüre gerne direkt neben mich setzen könne, um besser zu hören.

Mir fiel auf, dass sowohl ich als auch die festangestellte Animateurin unter dem Personal nicht gleich angesehen waren. Leider war hier oft die Meinung vertreten, dass die Animation genau eine Stunde am Nachmittag ging – man sah weder die teils sehr lange Vorbereitungszeit (für ein großes Lotto war ich sicherlich mindestens sieben Mal in der Innenstadt), noch die Zeit, die neben der Nachmittagsveranstaltung investiert wurde, z.B. in versteckte Gedächtnisspiele, wenn man während der Essensgabe fragte, welche Desserts die Person denn früher am liebsten selbst vorbereitet habe und von wem das Rezept stamme.

In jedem Fall ist eine Animation nicht bloße Ablenkung und Zerstreuung; sie rührt vielmehr daher, die Senioren zu stimulieren, körperlich und geistig zu beleben und Hände und Gedächtnis arbeiten zu lassen. Diese Stimulation sollte dann möglichst originell, aber respektvoll geschehen, um etwas aus dem Alltag herauszukommen, der vom Altern, Krankheiten und auch dem Tod geprägt ist.

So hatten wir neben der wöchentlich stattfindenden Gymnastik und Lektüre mindestens einmal im Monat Gedächtnisspiele sowie eine Mal-, Zeichen- und eine Schreibstunde, in denen es darum ging, Erinnerungsstücke wie etwa Bilder im Kopf, Situationen, Lieblingsgerüche oder auch unangenehm in Erinnerung gebliebene Geräusche zu Papier zu bringen. Nicht zu vergessen waren natürlich auch unsere Gesangsstunden, denn Musik ruft bei sehr vielen Menschen Erinnerungen wach, eben auch bei denen, die sonst nicht sehr gesprächig oder körperlich stark eingeschränkt sind.

Daneben bestand ein Teil der Unterhaltung in der Arbeit mit Ehrenamtlichen und Leuten von außerhalb, die zum Klavier-, Akkordeon-, Leierkasten-, Querflöte-, Theater- etc. -Spielen kamen, oder um beispielsweise Bilder von einer Reise zu präsentieren. Außerdem fuhren wir in ein Restaurant, um die berühmten Froschschenkel zu essen, ins Eisstadion zu einer Vorführung junger Eiskunstläufer, in eine Kunstgalerie oder einen Vogelpark. Dies ist leider oft nur mit den körperlich Fitteren zu bewerkstelligen.

Insgesamt hat mir dieses Jahr im Umfeld alter Menschen ausgesprochen gut gefallen. Die Dankbarkeit, die mir von Seiten der Senioren entgegengebracht wurde, hat mich sehr motiviert. Ich konnte vom reichen Erfahrungsschatz profitieren und so einiges über das Leben und mich selbst erfahren."

Kampf gegen die Einsamkeit

Werner Jelinek von GerAnimation in Wien erklärt:

„Mittels Gedächtnistraining, Bewegungstraining, Biographiearbeit, Tänzen und anderen Anregungen wird die Erhaltung der Selbständigkeit gefördert. Ziel ist es, die unkritisch übernommenen Ansichten vom Alter – krank, hässlich, hinfällig, eigensinnig, nicht lernfähig, nicht anpassungsfähig – zu revidieren und die Stellung der alten Menschen in unserer Öffentlichkeit neu zu überdenken. Alte Personen werden in Subwelten wie Pflegeeinrichtungen oder im häuslichen Bereich oft nur „warm, satt, sauber" gepflegt, und ihre kognitiven Bedürfnisse werden in den Hintergrund gestellt. Daher leben alte Menschen oft einsam. In der eigenen Wohnung ist der einzige Ansprechpartner der Fernseher. Im Pflegeheim sind sie allein unter vielen. Fähigkeiten der alten Menschen gehen nach und nach verloren, Wachstum und damit das Erlernen neuer Fähigkeiten in der späteren Lebensphase wird dabei aber kaum unterstützt. Alte Menschen, die sich selten außerhalb des Raumes oder Hauses aufhalten, haben wenig Gelegenheit zur Kommunikation. Demente, die sich psychisch in der Vergangenheit befinden, brauchen regelmäßige Impulse. Bewegungsspiele mobilisieren alte Menschen in ihren verbliebenen Fähigkeiten. Hände, Arme, Schultern, Kopf, Körper und Beine werden bedacht, soweit das individuell möglich ist, oftmals unter Verwendung verschiedener Spielregeln und auch mit Requisiten. Alle Sinne, Sehen, Hören, Geschmack, Tasten und Riechen werden mit unterschiedlichen Spielen geschult. Oftmals sind Kombinationen aus Geräusch und Gedächtnistraining oder Geruch und Biographiearbeit wahre Fundgruben in den Erinnerungen der alten Menschen.

Altern ist eine Lebensphase, in der sich Erfahrungen angehäuft haben. Alte Menschen wissen, wie Dinge anzupacken sind. Fähigkeiten wie Kochen, die z.b. durch gesellschaftliche Normen wie Hygiene in der Großküche in Pflegeeinrichtungen, nicht mehr genutzt werden dürfen, liegen brach und verkümmern. Gemeinsame Gruppenstunden, wo mit den alten Menschen gekocht und gegessen wird, bereichern den Alltag und geben Kompetenzen zurück. Der selbstgezogene Schnittlauch, um den sich alte Menschen noch selber kümmern dürfen, ist besonders wertvoll.

Alte Personen sind oft zeitverwirrt. Der jeweiligen Jahreszeit angepasste Dekorationen helfen, den Jahreszyklus zu verstehen. Gemeinsames Handwerken, nach individuellen Ressourcen, lässt die Einsamkeit verschwinden und vermittelt das gute Gefühl, gebraucht zu werden. Die Förderung von Begegnungen mit anderen Generationen, z.b. Kindergartenkindern und Schulklassen in Pflegeeinrichtungen, führen zu gegenseitigem Verständnis und Achtung. Regelmäßige gemeinsame Stunden zu jahreszeitlichen Themen bringen Freude und Orientierung in den Alltag der alten Menschen."

Neben der Animation in Seniorenwohnheimen hat sich auch die Freizeitindustrie diesem Bereich zugewendet: So bieten Veranstalter wie TUI mittlerweile Reisen für „aktive Senioren" an, wie den *Club Elan*, bei dem die vom Veranstalter geschulten Seniorenanimateure ein „abwechslungsreiches Programm aus Sport, Spiel und Unterhaltung" zusammenstellen. Wer zwischen 25 und 45 Jahre alt ist, fließend Englisch und möglichst noch eine weitere Fremdsprache spricht, sportlich, gesund und fit ist, einen gültigen Führerschein Klasse 3 hat, unabhängig und flexibel und in jedem Land einsetzbar ist, Freude und eventuell Erfahrung im Umgang mit Menschen ab 60 Jahren hat, selbstbewusst, verantwortungsbewusst und sympathisch mit einem gepflegten, angenehmen Äußeren, geduldig, kontaktfreudig und ein Organisationstalent ist und zudem selbständig arbeitet und neben Redegewandtheit auch gut zuhören kann – der bewerbe sich bis zum Sommer. Im Spätsommer finden jeweils die Castings statt.

Mittlerweile gibt es sogar Ausbildungen, die sich allein diesem Bereich verschrieben haben: am österreichischen *WIFI* finden regelmäßig Ausbildungslehrgänge zum Diplom-Seniorenanimateur statt, z.B. sechs Monate lang jeden Freitagnachmittag und Samstag. Auch am Steirischen Volksbildungswerk gibt es einen Ausbildungslehrgang zur Seniorenanimation und -mobilisation. Bei den Schulungen geht es um Seniorenanimation; mit Konzentrationstraining, Reiseenglisch, Gehirnjogging und Meditationen. Kontaktdaten im Adressteil.

Dass so ein Animationsalltag mit älteren Gästen ganz anders aussehen kann als mit Kindern und Jugendlichen, erfuhr *Alena* am eigenen Leib, die nach einem turbulenten Monat Animation mit allen Altersstufen in ein neues Hotel an die Costa Calma kam:

„Hier war es dann so, dass es überwiegend ältere und vor allem deutsche Gäste gab. Das war schon eine ziemliche Umstellung, da es zum Beispiel keine Clubtänze mittags am Pool mehr gab, generell keine Musik, alles etwas ruhiger. Was gut war: ich konnte mehr mit Erwachsenen arbeiten. Morgens leitete ich den Miniklub und nachmittags bot ich Tennis, Boccia, Darts und Powerwalking an. Da jedoch keine Hauptsaison war, waren nicht immer so viele Leute für die Aktivitäten zu begeistern. Viele wollten auch einfach nur in Ruhe am Pool liegen. Von denen bekamen wir dann abends schon mal eine Rückmeldung, dass es gut wäre, wenn wir sie nicht unnötig dazu zwingen würden ..." Wer gerne in der Animation arbeitet, es aber etwas ruhiger braucht, für den könnte also die Seniorenanimation das Richtige sein.

Kreuzfahrt-Animation

Kreuzfahrten sind mittlerweile auch so günstig zu haben, dass sie fast allen Bevölkerungsschichten zur Verfügung stehen.

Damit haben sich natürlich auch eine ganze Reihe von Jobmöglichkeiten aufgetan – wer als Animateur arbeiten, aber sich nicht auf einen Ort festlegen sondern etwas von der Welt sehen möchte, der hat hier gute Chancen. Neben der klassischen Tages-, Abend und Sportanimation sind auch Stellen im Bereich Licht- und Tontechnik, als Tanzpaar und -band, als Lektor für das kulturelle Programm, als DJ etc. zu haben.

Wie auch an Land, so darf man sich den Job nicht in den rosigsten Farben vorstellen; das Leben auf See ist durchaus hart. Animateure müssen sich auf Sieben-Tage-Wochen mit begrenzten Rückzugsmöglichkeiten, Unterkunft in Doppelkabinen und den Verlust des gewohnten Familien- und Sozialkontakts einstellen. Als Ausgleich bereist man die Welt und sieht Orte, die andere ihr Leben lang nicht zu Gesicht bekommen. Zudem bestehen an Bord Aufstiegsmöglichkeiten. So hat sich durchaus schon manch ehrgeiziger DJ über den Animationsleiter bis zum Clubmanager hochgearbeitet.

Wichtige Einstellkriterien sind Teamfähigkeit und Sozialverhalten – schließlich sitzt man mit Gästen und Kollegen sprichwörtlich mehrere Wochen oder Monate in einem Boot (und mit einem der letzteren meist auch in einer Kabine). Eine Ballermann-Animation mit Trillerpfeifen und Seid-ihr-gut-drauf-Rufen ist hier nicht gefragt; stattdessen sollen einfühlsame Kommunikationstalente dem Gast jeden Wunsch von den Lippen ablesen. Man muss nicht nur Moderator und Vermittler sein, sondern sollte dank Lebenserfahrung und gutem Allgemeinwissen auch entspannt mit den Passagieren plaudern können. Je nach angestrebtem Animationsbereich ist Arbeitserfahrung hilfreich. So blicken die meisten Kinderanimateure auf eine Erzieherausbildung oder ein Pädagogikstudium zurück; Mitglieder der Teens-Crew haben bereits als Betreuer von Jugendgruppen oder als Trainer von Vereinen gearbeitet. Die meisten Reedereien stellen nur ungern

Mitarbeiter unter 21 ein; allerdings finden auch 18- bis 20-Jährige immer wieder eine Stelle.

Die Laufzeiten der Animateur-Verträge betragen meist sechs Monate. Wie bei den Clubketten an Land sind aber auch die Kreuzfahrtunternehmen daran interessiert, gute Mitarbeiter zu halten; schließlich wird in die Ausbildung jedes Einzelnen gut ein Monat gesteckt.

Vertrag

Wie bei jedem Vertrag empfiehlt sich die gründliche Lektüre des Kleingedruckten. Zeitraum des Vertrages, Mindestarbeitsperioden etc. sollten klar ersichtlich sein. Vor Unterzeichnung sollten zudem die folgenden Punkte geklärt werden:

Reisekosten:

Ist die Anreise zum Schiff aus eigener Tasche zu zahlen? Wer ist für die Buchung des Fluges, für Reservierungen und notwendige Anrufe verantwortlich? Werden die genannten Ausgaben und Spesen vom künftigen Arbeitgeber ganz oder nur teilweise übernommen?

Arbeitskleidung:

Sofern Uniformpflicht besteht – wird sie kostenlos gestellt, oder muss sie aus der eigenen Tasche bezahlt werden? Sind zudem bestimmte Kleidungs- oder Ausrüstungsstücke mitzubringen? (Abendgarderobe, besonderes Design oder Farbe der Schuhe, etc.)

Versicherungen:

Ist der Abschluss einer eigenen Police vorgesehen, oder ist man durch den Arbeitgeber automatisch mitversichert? Sofern letzteres zutrifft: worauf bezieht sich der Versicherungsschutz und was klammert er aus? Falls nur die Krankenversicherung übernommen wird, kann eine zusätzliche Haftpflicht- und Diebstahlversicherung von Vorteil sein.

Steuern:

Erfolgt die Beschäftigung auf Honorarbasis (so dass alle Steuerfragen ausschließlich einem selbst obliegen), oder werden vom Verdienst noch Steuern und andere Abgaben abgezogen?

Lohn:

Wann erfolgt die Auszahlung des ersten Gehalts, und in welcher Form? (bar auf die Hand an Bord, Überweisung auf ein Bankkonto, in Scheckform, etc.)

Sondergebühren:

Gibt es versteckte Gebühren, z.b. Abzüge für Kost und Logis?

Vermittlungsgebühr:

Ist eine Vermittlungsgebühr zu zahlen? Wie sieht es aus bei Verlängerung des Vertrags, Nachfolgevertrag oder neuem Arbeitsangebot? Manche Agenturen bestehen auf Vertragsklauseln, die ihnen auch in diesen Fällen eine Vermittlungsgebühr zusichern, obwohl sie keinen Finger gerührt haben.

Vor der Abfahrt ...

... ist die *Seediensttauglichkeitsuntersuchung* vorzunehmen, bei der neben der normalen allgemeinärztlichen Untersuchung auch Laborwerte ermittelt werden. Außerdem werden das Hör-, Seh- und Farbunterscheidungsvermögen geprüft. Nicht jeder Arzt ist berechtigt, diese Untersuchung durchzuführen. Auf der Homepage der Berufsgenossenschaft für Transport und Verkehrswirtschaft, www.bg-verkehr.de, findet sich eine Liste der ermächtigten Ärzte.

Ferner ist noch an Land ein Sicherheitstraining (*Basic Safety* sowie *Crowd Managenet Training*) abzusolvieren; meist findet es in Rostock statt. Neben der Vermittlung theoretischer sicherheitsrelevanter maritimer Grundkenntnisse beinhaltet das Training auch praktische Übungen (z.B. im Schwimmbad, Umdrehen einer Rettungsinsel) sowohl mit bordspezifischen Rettungsmitteln als auch Brandbekämpfungseinrichtungen.

Jedes Besatzungsmitglied, auch auf Kreuzfahrtschiffen, erhält ein *Seemannsbuch*, das i. d. R. bei der ersten Anstellung von der Reederei beantragt wird. Es dient als Passersatz und zum Nachweis der Seefahrtszeit; so steht u.a. drin, wann und wo man an- und abgemustert hat. Es wird immer von dem Staat ausgestellt, unter dessen Flagge das Schiff fährt.

Letzten Endes ist vor Abfahrt zu überprüfen, ob der Reisepass noch mindestens sechs Monate *nach* Disembarkation, d.h. Vertragsende gültig ist.

Kofferpacken ...

Außerhalb der Arbeitszeit hat sich das Schiffspersonal an die auch für Passagiere verbindliche Kleiderordnung zu halten. Diese reicht, je nach Schiff und Anlass, von „sehr förmlich" bis „leger". Allerdings werden selbst an legeren Abenden Jeans und T-Shirt nicht gerne gesehen. Die typische Kleiderordnung für Passagiere und nicht-uniformierte Bedienstete sieht so aus:

Klassisch (formal): Abend- oder Cocktailkleid für die Dame, Smoking oder Zweireiher mit schwarzer Krawatte für den Herrn.

Informell (informal): Kleid für die Dame, Anzug, Jackett und Krawatte für den Herrn.

Leger (casual): Kleid oder Hosen für die Dame, Polo-Shirt für den Herrn (Jackett und Krawatte sind nicht unbedingt erforderlich)

Die vielen Themen- und Mottoabende sollte man beim Kofferpacken ebenfalls im Hinterkopf behalten. Typische Themenabende sind *Schwarz & Weiß, Tropennacht, Country & Western* usw.

Insgesamt sollte man versuchen, so wenig wie möglich einzupacken. Schließlich gibt es an Bord ausreichend Waschmöglichkeiten; außerdem immer wieder die Gelegenheit zum Shoppen. Frauen sollten ausreichend schwarze Strumpfhosen mitnehmen, sofern sie zu ihrer Kleiderordnung gehören, da diese in den meisten Häfen nur schwer zu bekommen sind. Geschlossene schwarze Schuhe mit nicht zu hohen Absätzen sind auch unentbehrlich. Männer sind mit ausreichend schwarzen Socken, schwarzen Schuhe und einem schwarzen Gürtel gut beraten.

Äußerst bewährt haben sich mp3-Player und Laptop – ersterer zur Entspannung nach einem harten Arbeitstag oder für spontane Kabinenpartys, letzterer, da auf vielen Schiffen die Crew damit die Möglichkeit hat, ins Internet zu gehen. Nützliche Utensilien, die leicht zu verstauen und sich später als äußerst nützlich erweisen, sind eine Taschenlampe (für Stromausfälle), Nähzeug (zum schnellen Reparieren von aufplatzenden Nähten, losen Knöpfen, etc.), ein paar Wäscheklammern für die Handwäsche zwischendurch, ein Reisewecker, ein Vorhängeschloss für Reisetaschen und persönliche Wertsachen, Schuhcreme und ein Schweizer Taschenmesser mit Korkenzieher und Flaschenöffner.

Wo bewerben?

Man hat die Qual der Wahl zwischen Arbeitgebern folgender Kategorien.

Veranstalter

Veranstalter wie TUI, Alltours, Club Med oder Robinson haben den großen Vorteil, eine Zentrale zu haben, über die alle Probleme und sonstigen Anliegen geregelt werden. Zudem bieten die meisten ausgezeichnete Sozialleistungen. Von

Krankenversicherung bis Hin- und Rückflug ist alles perfekt durchplantt. Auch Gehalt(-serhöhung) und Aufstieg sind genau geregelt. Es gibt ausgereifte Konzepte und oft Einsteigerseminare und andere Hilfestellungen. Andererseits ist die Handhabung oft etwas konservativ, und die Verträge sind streng. Auch erhält man lediglich Standby-Tickets, d.h. ist der Flieger überbucht, hat man auf den nächsten zu warten. Insgesamt aber wohl die sicherste Variante.

Agenturen

Die schnellste und unkomplizierteste Weise, an einen Animateurjob zu gelangen. Rasche Vermittlung ist sicher; fast alle Bewerber kommen durch. Dafür ist das Gehalt niedrig und die Unterkunft meist nicht gut. Im Gegensatz zu Veranstaltern (s.o.) existiert auch keine Zentrale, die bei Problemen Hilfestellung leisten würde. Oft ist der Flug vorzufinanzieren und wird erst nach Vertragserfüllung erstattet. Ein Faustpfand der Agentur.

Hotels

Man kann sich auch direkt bei Hotels bewerben, schließt also den Vertrag mit dem betreffenden Hotel. Bei Direktanstellung ist man flexibler als bei der Anstellung über einen Veranstalter, d.h. man kann schneller kündigen, hat aber auch bessere Aufstiegsmöglichkeiten – auch innerhalb einer Hotelkette, also ggf. in einem anderen Land, bei dem gleichen Betreiber. Oft ergibt sich ein engerer Kontakt zu den Einheimischen. Der Spracherwerb ist schneller und man lernt die Kultur besser kennen. Allerdings liegt das Gehalt oft niedriger und ist teils an die Gästezahlen gekoppelt, womit ein Teil des Risikos auf den Animateur abgewälzt wird. Zudem sind die Leistungen weniger gut als bei einem Veranstalter – auch hier ist der Flug oft vorzustrecken. Häufig fehlt eine Krankenversicherung. Nicht selten wird man auch zu Arbeiten herangezogen, die nichts mit der Animation zu tun haben (z.B. Kellnern oder Reinigen). Die Hierarchien sind deutlicher ausgeprägt.

Campingplätze

Arbeitsstellen auf Campingplätzen sind gekennzeichnet durch faire Rahmenbedingungen (Sozial- und Krankenversicherung) und große Handlungsfreiheit in der Ausübung der Tätigkeit. Dafür ist das Gehalt oft niedrig, und auch die Unterkunft lässt häufig zu wünschen übrig. Zudem weichen die tatsächlichen Aufgaben häufig von Animationstätigkeiten ab, d.h. man wird gerne mal zum Saubermachen oder als Parkplatzwächter abkommandiert.

Freizeitparks

Freizeitparks wie der Europapark, der Heidepark oder Disneyland bieten Arbeitsstellen mit guten Sozialleistungen, angemessener Bezahlung und fairer Behandlung. Man schnuppert in diverse Bereiche hinein. Allerdings ist gerade bei kleineren Parks das Budget für Shows gering, bei größeren wird die Atmosphäre schnell unpersönlich.

Reedereien und Recruiter

Viele Kreuzfahrt-Reedereien übertragen Auswahl und Management ihrer Crew einem Recruiter. Dieser wählt nicht nur geeignete Kandidaten aus, sondern schließt auch die Verträge mit ihnen ab und ist demzufolge Arbeitgeber. Manche dieser Recruiting-Spezialisten sind für mehrere Reedereien tätig, andere bedienen exklusiv nur eine. Einige kümmern sich um alle Jobbesetzungen an Bord, andere sind nur für das Entertainment zuständig oder heuern nur Mitarbeiter für den Beauty & Spa-Bereich an.

Erfahrungsbericht

Eigentlich über Umwege hatte *Alena* den Weg in die Animation gefunden. Nach einem Monat Sprachkurs in Madrid wollte sie sich einen Job im Gastronomie- und Hotelgewerbe suchen.

„Nach ca. einer Woche hatte ich ein Vorstellungsgespräch für Animation auf den Kanaren, bei der Firma „acttiv" in Madrid. Das Gespräch verlief sehr gut; ich bemühte mich, Spanisch zu sprechen, aber wenn es nicht weiter ging, war es auch gar kein Problem, Englisch zu reden. Vor der Abfahrt nach Madrid bekam ich eine E-Mail von der Organisation, ob auch Interesse an der Animation auf den Kanarischen Inseln bestehe. Zuerst war das gar nicht das, was ich mir ausgemalt hatte, weil ich mir nicht vorstellen konnte, auf den Inseln viel Spanisch sprechen und so viel von der spanischen Kultur mitbekommen zu können. Ich sagte dann aber trotzdem zu und flog somit Anfang Februar nach Fuerteventura. Mein Hotel lag im Norden, in Corralejo."

Die Zeit dort beschreibt Alena als die „Zeit ihres Lebens":
"Als ich aus dem Taxi stieg, wurde ich bereits von meinem Chefanimateur und einer schwedischen Animateurin erwartet und freundlich begrüßt. Dann wurde mir das Zimmer gezeigt, das ich mir mit einer anderen Deutschen teilte. Ich war überrascht, wie schön und gut ausgestattet das Hotelzimmer war. Am Abend wurde mir von Thomas, dem Chefanimateur, das Hotelgelände, der Backstagebereich, die Bühne, der Miniklub und alles weitere präsentiert. Die Regeln waren einfach: kein Alkohol, keine Verspätungen, Freundlichkeit, Dauerlächeln und kein Lästern, denn ihm war wichtig, dass es innerhalb des Teams eine gute

Stimmung gab. Und das war auch so. Die anderen aus meinem Team stammten aus Holland, Frankreich, Schweden und Deutschland. Die Regeln klangen beim ersten Mal streng; mir kam kurz das Bild von einem Gefängnis in den Sinn. Im Endeffekt lockerten sich die Regeln aber natürlich mit der Zeit – es war als Chefanimateur nur eben seine Pflicht, mir das mitzuteilen. Nachdem ich alles Wichtige gesehen hatte, konnte ich mir an dem Abend erst einmal ein Bild von der Arbeit machen. Es gab eine professionelle Show an dem Tag, bei der ich zugucken konnte. Und ansonsten sollte ich einfach einen Einblick in den Job als Animateurin bekommen. Bei der Show wurde ich zusammen mit den Gästen von Malin, der Schwedin, in einem Babykostüm begrüßt. Zuerst war ich erschrocken: Ob ich das wohl auch machen müsste? Vorher hatte ich noch nie wirklich auf der Bühne gestanden oder ein Kostüm getragen, außer an Karneval, als die ganze Stadt voller verkleideter Leute war."

Die erste Show, in der Alena mitwirkte, war eine Tanzshow aus Grease und Saturday Night Fever. „Ich war sehr aufgeregt – vor allem, da ich nur drei Tage hatte, um die Tänze einzustudieren – aber es hat ganz gut geklappt und viel Spaß gemacht. Die zweite Show war eine Sketchshow. Die, die letztlich am meisten Freude bereitet hat."

Alenas Aufgaben waren höchst unterschiedlich: „Tagsüber wurde ich zuerst im Miniklub eingesetzt, später im Teenager- und Erwachsenenbereich. So konnte ich in alle Bereiche mal reingucken und alle kennenlernen. Für alles existierte ein fester Plan: Basteln, Schatzsuche, Hotelralley und Spiele mit den Kindern; Sjoelen, Darts, Crazy Game, Fußball und mehr für die Jugendlichen und Erwachsenen. Abends gab es auch einen Plan, erst entweder Minidisko, Bingo oder Begrüßung, später dann eine eigene Show oder eine professionelle, *public relation*, d.h. Gästekontakt, den ganzen Abend."

Gute Laune

Von der Stimmung im Team schwärmt Alena:

"Was mir in dem Hotel am meisten gefallen hat, war das Team und die Stimmung innerhalb des Teams. Auch in den Pausen hat man etwas zusammen unternommen, z.B. Playstation spielen, und abends sind wir zusammen ausgegangen, manchmal mit den Gästen in unserem Alter. Man kommt nicht viel aus dem Hotel raus; selbst an meinem freien Tag bin ich mit den anderen zusammen zum Strand gegangen.

Was ich auch gut fand, war das Kostümieren. Wenn zum Beispiel ein Musikquiz von unserem Animationsteam veranstaltet wurde, verkleidete ich mich als Schneewittchen o.Ä. und half den Gästen im Publikum beim Raten. Am Valentinstag waren wir auch verkleidet bei den Aktivitäten, und wenn uns mal gar nichts mehr eingefallen ist, kam es schon mal vor, dass einige vom Team im Pool landeten …"

Bei allen positiven Seiten lernte Alena doch auch die Schattenseiten einer Anstellung durch eine Agentur kennen – manchmal kann es ganz schnell wieder weitergehen:

„Nach einem Monat musste ich das Hotel wechseln. Das nächste Team wartete im Süden von Fuerteventura an der Costa Calma auf mich. Ich war traurig, dass ich gehen musste, aber auch aufgeregt, wie das neue Hotel und Team sein würde."

Obwohl Alena auch das neue Hotel und Team gefiel, war der Altersdurchschnitt der Gäste dort beträchtlich höher und die Animation verlief deutlich gedämpfter. Zudem waren in ihrem neuen Team drei weitere deutschsprachige Animateure. „Für mich in diesem Fall weniger vorteilhaft, da ich ja nach Spanien zum Erlernen der Sprache gegangen war. Ich habe dann nach einer Woche bei *acttiv* angefragt, ob ein Hotelwechsel möglich sei. Da natürlich im März noch keine Hauptsaison und dementsprechend wenig los war, war das leider nicht möglich, und so entschied ich mich dann, mein Animateurdasein abzubrechen und im April zu Hause mit dem Studium zu beginnen."

Bereuen tut Alena ihre Zeit als Animateurin aber keinesfalls: „Alles in allem war es eine tolle Erfahrung. Eine Tätigkeit in der Animation ist alles andere als peinlich! Es ist lustig und aufregend, so viele Menschen aus verschiedenen Ländern kennenzulernen. Einfach mal lustig sein, aus sich rauskommen, etwas Neues erfahren. Dafür, dass ich bei der Jobsuche in Spanien gar nicht auf den Gedanken gekommen wäre, als Animateurin zu arbeiten, war es am Ende die beste Arbeit, die ich hatte annehmen könne. Natürlich ist es ein vergleichsweise schlecht bezahlter Job, weil man den ganzen Tag präsent sein und bis nachts arbeiten muss. Auf der anderen Seite: bei welcher Tätigkeit wird man schon bezahlt, nur weil man Spaß hat? Man ist den ganzen Tag in der Sonne, an der frischen Luft, spielt, unterhält sich mit den Gästen, die einem nach einiger Zeit schon ans Herz wachsen, und wird dafür auch noch entlohnt. Ich zum Beispiel kann mir für die Semesterferien keine bessere Aufgabe vorstellen. Es ist wie Urlaub mit ein paar Regeln, Arbeitszeiten und Bezahlung. Und einmal im Ausland kommt es einfach darauf an, was man macht und nicht wohin man reist. Als Animateur kann man gut seine Teamfähigkeit, Kontaktfreude und sein Improvisationstalent auf die Probe stellen. Was sich letztlich auch nicht schlecht im Lebenslauf macht …"

Konditionen, Versicherung und Verdienst

Was die allgemeine Vergütung für eine derart anstrengende Tätigkeit betrifft, so fällt diese eher dürftig aus. Ein Anfangsgehalt von ca. 650 Euro im Monat bedeutet einen Stundenlohn von sage und schreibe ca. 1,60 Euro. Nach ein paar Monaten jedoch hat man sich bereits auf stolze 1,80 Euro hochgearbeitet. Immerhin hat man freie Kost und Logis, doch wer glaubt, Getränke seien frei, der irrt. Meist bietet der Club jedem Animateur ein Getränkebudget in Höhe von ca. 150 Euro im Monat an, dazu einen Rabatt von 50 % auf alle Getränke und Prozente in der Boutique.

Das Gehalt wird meist in der Landeswährung ausbezahlt, der Rest wird auf ein eigens vom Club angelegtes Konto überwiesen, manchmal auch auf ein selbstangelegtes vor Ort.

Die Bezahlung zwischen den einzelnen Animationsbereichen unterscheidet sich nicht, es sei denn, man hat eine höhere Position inne, wie z.B. als Teammanager.

Auch wenn der Lohn im ersten Moment nicht hoch erscheint, so erhält man ihn doch netto und hat im Ausland bei etwas Haushalten weniger hohe Ausgaben als daheim. Ferner entfallen Miete, Benzinkosten und sonstige Ausgaben.

Während des Einsatzes besteht Anspruch auf Unterbringung (diese muss nicht im Club sein) und Verpflegung. Flugkosten zum und vom Einsatzort werden erstattet. Einrichtungen im Club kann man mitbenutzen. Außerdem bekommt man von manchen Unternehmen sogar 2-4 Stand-by-Flüge, die sich zur Urlaubszeit nutzen lassen.

Ein fester Vertrag ist zeitlich unbefristet, kann jedoch jederzeit bei Einhaltung der Kündigungsfristen aufgelöst werden, während der Saisonvertrag sich nur auf die Sommer- oder Winterzeit bezieht und eine klare zeitliche Grenze enthält.

Nach Beendigung des Einsatzes und der Rückkehr sollte man sich möglichst rasch bis zum nächsten Einsatz arbeitslos melden. Anspruch auf Arbeitslosengeld besteht erst nach einer Tätigkeit von mindestens 12 Monaten. Vom Meldetag an bezieht man rückwirkend Arbeitslosengeld und ist krankenversichert. Bis zum Erhalt der Leistungen vergehen rund 2-3 Wochen, u.a. ist dafür zu sorgen, schnellstmöglich eine Arbeitsbescheinigung des letzten Arbeitgebers für das Arbeitsamt zu erhalten.

Bei der Agentur für Arbeit wird Animation übrigens unter dem Begriff "Freizeitlehrer" geführt. Über die Datenbank lassen sich jederzeit Stellenangebote abrufen.

Die Unterbringung der Mitarbeiter fällt von Club zu Club unterschiedlich aus. Mal sind die Zimmer winzig klein, mal hat man Glück und sie sind geräumiger und haben mehr Komfort. Ist der Club überbucht, dann heißt es schon mal zusammenrutschen und für die Gäste Zimmer räumen. Wer kein Einzelzimmer ergattert, teilt die ganze Saison ein Doppel- oder Dreibettzimmer mit Kollegen.

Drina berichtet:

„Von Club zu Club bestehen Unterschiede in der Zimmerverteilung. Während meines ersten Animations-Einsatzes durfte ich mit einem derartig winzigen Zimmer vorliebnehmen, dass nicht einmal ein Auto hineingepasst hätte. Es hatte etwa die Größe einer Gefängniszelle, und im Bad gedieh der Schimmel an der Wand. Meine Lieblingstiere, die Kakerlaken, kamen mich des Öfteren besuchen, und ich verbrachte auch mal die eine oder andere Nacht damit, irgendwelches Getier aus meinen vier Wänden zu vertreiben ...

Das einzig Positive daran war, dass die bisher "normalen" Dinge des Lebens, wie ein sauberes Bett und ein nobles Badezimmer, nicht mehr selbstverständlich waren, sondern ich alles schätzen lernte. Plötzlich fängt man an umzudenken und macht sich über ganz andere Sachen im Leben Gedanken.

Zu Hause hatte ich immer mein riesiges Doppelbett und schrie bereits hysterisch auf, wenn sich auch nur eine Spinne in meinem Zimmer befand. Hier freute ich mich schon darüber, wenn das Vieh, das unter meinem Bett hockte, nicht gleich die Größe eines Zwei-Eurostücks hatte.

Einen anderen Einsatz verbrachte ich übrigens in einem suitenähnlichen Hotelzimmer, weißgefliest, mit Chrommöbeln und riesigem Balkon ... – aber erst, nachdem ich es mir wochenlang erkämpft hatte. Also lasst Euch einfach nichts gefallen! Es gibt einen besonderen Trakt nur für die Animation im Hotel, manchmal sogar ein Animationshaus, wo alle Animateure, ob Festcrew, Gastanimation oder Freelancer, zusammen untergebracht sind. Ein Aufenthaltsraum mit Fernseher oder eine Kochecke stehen selten zur Verfügung. Übrigens existieren in manchen Clubanlagen tatsächlich Animationsbungalows – man muss nur Glück haben!

Waschtag ist für jeden Animateur einmal wöchentlich, Waschmaschine und Trockner sind meist vorhanden. Vorsicht nur beim Wäscheaufhängen vor der Tür: in manchen Gegenden bekommen Eure Klamotten sonst Beine."

Versicherung

Vorsicht: einige unseriöse Agenturen umgehen deutsches, östereichisches oder Schweizer Arbeitnehmerschutzrecht und melden ihre Angestellten garnicht oder im Ausland an, was für diese häufig weit höhere Abgaben als in daheim und außerdem den Verlust jeglicher Sicherheit bedeutet. Ein seriöser Arbeitgeber dagegen wird gleich nach der Lohnsteuerkarte fragen, die vom Arbeitnehmer selbst bei der Wohnortgemeinde beantragt wird. Dies ist vielerorts mittlerweile problemlos über das Internet möglich, kann aber natürlich auch schriftlich, telefonisch oder persönlich erledigt werden. Die Beantragung der Lohnsteuerkarte erfolgt einmalig; sie wird in den Folgejahren automatisch zugeschickt, weswegen Adressänderungen dem Amt unverzüglich mitzuteilen sind. Abgaben fallen erst an, wenn der jährliche Steuerfreibetrag von 7664 € überschritten wird.

Zum Thema Krankenversicherung: Einige, jedoch nicht alle Clubketten bieten ihren Mitarbeitern sogar eine private Versicherung an, die im Ausland auch wirklich nötig ist. Wichtig ist es, darauf zu achten, dass die Auslandsversicherung auch in jedem Fall eintritt. Bei manchen Clubs wird man nur im jeweiligen Land versichert, in dem man gerade tätig ist und hat Zahnarztbehandlungen selbst zu berappen. Jeder sollte sich vor der Abreise also noch mal richtig durchchecken lassen.

Während man beim Fest- und Saisonvertrag in der Regel über den Arbeitgeber versichert ist, haben sich freie Mitarbeiter als Freelancer selbst um ihre Versicherung zu kümmern. Bei Hostessen- oder Praktikantenplätzen werden meist nur Kost und Logis gestellt.

Vorsicht ist auch geboten bei Schweizer Arbeitsverträgen – während bei einem deutschen Arbeitsvertrag Krankenversicherung und in der Regel auch Unfallversicherung gewährleistet sind, so ist zumindest die Krankenversicherung bei einem Schweizer Arbeitsvertrag nicht Pflicht. So kann es vorkommen, dass man zwar unfall-, aber nicht krankenversichert ist und im Monat zusätzliche Kosten von bis zu 150 Euro auf einen zukommen, die vom Gehalt abgehen. Werden die Animateure dagegen von einem deutschen oder österreichischen Arbeitgeber ins europäische Ausland entsendet, so gilt für sie weiterhin das deutsche Sozialversicherungsrecht. Mithilfe des A 1 Formulars (Nachfolger von E 101) ist die jeweilige Krankenversicherung des Arbeitnehmers für bis zu 24 Monate auch im Ausland gültig.

Seriöse Agenturen versichern ihre Animateure häufig auch noch durch einen Haftpflichtschutz, durch den Schäden, die von den Animateuren gegenüber Gästen oder Sachgegenständen verursacht werden, abgedeckt sind.

Wer einen festen Vertrag hat und nach einer Saison für den Veranstalter weiter tätig sein möchte, hat bis zum nächsten Einsatz unbezahlten Urlaub und wird weiterversichert.

Ärztliche Versorgung im Ausland

Die meisten Länder verfügen über gute medizinische Versorgungen. Fast überall finden sich Privatkliniken, die gewohntem Niveau entsprechen. Ferner sprechen die meisten Ärzte in den Touristenstädten Englisch sowie Französisch, vielleicht sogar Deutsch.
Viele Clubanlagen beschäftigen einen eigenen Arzt mit Praxis auf dem Gelände, so dass man sich darüber wirklich keine Gedanken zu machen braucht.

Drina erinnert sich mit Schrecken:
„Ein Erlebnis hat mich meine Vorurteile endgültig ablegen lassen: Ich hatte schreckliche Zahnschmerzen, und obwohl es dringend notwendig gewesen wäre,

traute ich mich nicht zum Zahnarzt. Ich hätte mich am liebsten ewig mit Aspirin vollgepumpt, bevor ich in diesem Mufti-Land zu einem Zahnarzt gegangen wäre. Ich hatte Alpträume, eines Tages zahnlos, völlig vereinsamt in einer Nebengasse des Souks aufzuwachen, als ich mich endlich doch dazu durchrang, den Onkel Doktor aufzusuchen.

Der Taxifahrer fuhr durch sämtliche düsteren Wege und um zig Ecken. Mir war Angst und Bange, und ich sah mich schon entführt und verkauft auf einem Kamelmarkt in Richtung Harem verschleppt, als der Wagen zum Stehen kam. Das unscheinbare, sandige Häuschen konnte nichts Gutes bedeuten ... Mutig schritt ich zum Eingang und befürchtete das Schlimmste. Als ich die Tür öffnete, lächelte mir bereits eine attraktive Sprechstundenhilfe entgegen. Der Fußboden aus weißem Marmor glitzerte, und die Designereinrichtung lenkte mich vom eigentlichen Grund des Kommens völlig ab. Die Praxis stand unseren in nichts nach: modernste Instrumente, Kieferchirurgie und ein Arzt, der aussah wie Dr. Stefan Frank, der Arzt, dem die Frauen vertrauen ... Man sieht also, alles ist nur halb so wild – man braucht nur ein wenig Mut."

Impfungen

Vor dem Abflug zum ersten Einsatz sollte man sich über etwaige notwendige Impfungen erkundigen. Falls nötig, sind alle Impfungen aufzufrischen. Dazu zählen Wundstarrkrampf, Kinderlähmung und Diphtherie (Infektionskrankheit der Schleimhäute, insbes. Mandeln u. Rachenraum). Eine Gelbsuchtimpfung ist sehr ratsam. Vorsicht beim Trinken aus unreinen Flaschen oder Wasserhähnen! Obst und Gemüse niemals ungewaschen verzehren!

Ein guter Ratgeber für Impfungen ist auch das Tropeninstitut. Hier bekommt man Beratung und Spritzen direkt vor Ort, ohne sie erst lange bestellen zu müssen. Zudem kann man hier, wenn notwendig, seine Tropentauglichkeit testen lassen.

Am gescheitesten ist es, die Abrechnung über den Arbeitgeber laufen zu lassen.

- Notfallmedikamente sollten ausreichend mitgeführt werden. Hier ein kurzer Überblick über die wichtigsten:
- Durchfallpräparate sind unabdingbare Medikamente in der Reiseapotheke, ferner solche gegen Übelkeit, bzw. Magen-Darmpräparate. Aspirin wirkt bekanntlich nicht nur bei Erkältungskrankheiten oftmals Wunder.
- Vorsicht bei Antibiotika: Bei gewissen Medikamenten darf man nicht in die Sonne!
- Auch Hals-Nasen-Ohren-Sprays oder -Tropfen gehören ins Gepäck. Achtung vor Augeninfektionen durch Sonne, Meer und Wind. Deshalb ist es ratsam, Augentropfen und eine gute Sonnenbrille mit dem richtigen UV-Schutz einzupacken!

- Mückenschutzpräparate in Form von Stiften oder Sprays bzw. Lotionen retten vor schlaflosen Nächten! Mückennetze finden sich überall. Auch wegen einer eventuell notwendigen Malariaprophylaxe sollte man sich rechtzeitig schlaumachen.
- Man sollte sich unbedingt mit hochwertigem Sonnenschutz, bzw. Sunblocker eindecken, denn oftmals verbringt man viele Stunden in der Sonne. Ein Kopfschutz in Form von Cap oder Sonnenhut ist höchst empfehlenswert.

Am besten, in der Apotheke nach einem Reiseset fragen. Meist handlich und klein, enthält es die wichtigsten Medikamente.

Andere Länder, andere Sitten

Natürlich herrscht in der Club- bzw. Hotelanlage meist eine europäische Atmosphäre. Jedoch sollte man sich immer bewusst sein, dass man trotz der ganzen Touristen drumherum doch immer noch im Ausland und somit Gast im jeweiligen Land ist.

Leider können eine Menge Leute dies nicht begreifen und führen sich im Urlaub derart unmöglich auf, dass man sich regelrecht dafür schämt. Umso wichtiger ist es, dass Animateure eine Vorbildfunktion für die Urlauber annehmen. Schon in Europa stößt man auf viele "Vorurteile" à propos des Verhaltens Angehöriger diverser Völker (sturzbesoffene Skandinaver, ballermannhafte, besserwisserische Deutsche, halsbrecherisch fahrende, rücksichtslose Franzosen oder was auch immer), die sich bei näherer Betrachtung eher als Urteile entpuppen. Umso krasser dann, wenn es um Länder mit anderen Religionen geht, wie z.B. dem Islam. Auch wenn die Umgebung noch so modern wirkt – in diesen Ländern herrschen immer noch strenge Regeln und Gesetze, vor allem, was Frauen betrifft. Es ist mehr als respektlos, sich in einem islamischen Land, in dem die Frauen sich teilweise noch völlig verschleiert in der Öffentlichkeit bewegen, oben ohne" an den Strand zu legen. Für FKK jeglicher Art ist es wirklich besser, andere Ferienziele aufzusuchen, denn man sollte immer das jeweilige Land und seine Kultur respektieren! Unmöglich die Touris, die sich erst halbnackt an den Strand legen und dann auch noch darüber wundern, wenn sie den ganzen Tag unverschämt angemacht werden.

Auch auf die Garderobe sollte in jedem Fall während Besichtigungen etc. Wert gelegt werden, denn ohne lange Kleidung kann man viele Sehenswürdigkeiten getrost vergessen!

In Marokko erlebte ich den Ramadan. Zu dieser religiösen Fastenzeit ist es den Leuten untersagt, tagsüber Speisen und Getränke zu sich zu nehmen. Entweder sollte man in dieser Zeit gar keinen Urlaub buchen, weil man verständlicherweise auf etwas überreizte Leute trifft, oder keinesfalls provokativ in der Öffentlichkeit essen und trinken. Zu dieser Fastenzeit war ich wohl mit den Touristen die einzige im Team, die morgens und mittags gegessen hat. Ich hatte das Gefühl, dass die Kellner mich am liebsten vergiftet hätten.

Ob man im Urlaub als 08/15-Tourist unterwegs ist, mit weißen Socken, Sandalen, Sportshorts und einer dieser scheußlichen Sonnenkappen, oder topgestylt – das bleibt wohl jedem selbst überlassen. Die Hauptsache ist es, andere Länder und Sitten zu achten und sich zu benehmen, denn im eigenen Land erwartet man das schließlich auch.

Winter- und Sommersaison, Ganzjahresclubs

Ob Frühling, Sommer, Herbst oder Winter – zu jeder Jahreszeit findet man den passenden Club.

Wintersaison

Manche Urlaubsclubs haben nur zur Wintersaison geöffnet, so von November bis April etwa, also zu einer Zeit, wo sich auch Wintersport ausüben lässt.

Für Animateure mit Skilehrerausbildung oder hervorragenden Kenntnissen im Alpin- oder Langlaufsport ist die Wintersaison höchst attraktiv. Neben Programmen im animativen Bereich kann man als "Skiguide" arbeiten. Dieser begleitet Gäste von gutem Fahrkönnen durch das jeweilige Skigebiet und beteiligt sich an allen Programmen und Shows der Animation.

Die zeitgemäße Rache
www.biorache.com

Schneefreuden

Animation in Winterclubs ist etwas völlig anderes als in einem Sommerclub, da tagsüber nicht viele Gäste im Club anzutreffen sind. So haben Tanzlehrer oder Sportanimateure sowie Kinderbetreuer oftmals geringe Teilnehmerzahlen in ihren Programmen; die meisten Urlauber sind auf der Piste. Oftmals müssen die Animateure tagsüber ihre Gäste regelrecht suchen. Anders in der Kinderbetreuung – wenn Mami und Papi auf den Brettern stehen, sind sie nur zu froh, ihre Kleinen im Kinderclub abzugeben. In den meisten Fällen handelt es sich dabei um Kinder im Vorschulalter; lediglich in den Winterferien sind auch Kinder über sechs Jahren zu betreuen.

Vorteilhaft ist in jedem Fall, dass ein ski- bzw. snowboardbegeisterter Animateur auch öfter auf die Bretter steigen kann. Im Sommer werden aus vielen Winterclubs Bergclubs – statt Wintersport werden hauptsächlich Berg- und Mountainbiketouren angeboten.

Sommersaison

Im Gegensatz zu den Winterclubs gibt es bei jedem Clubveranstalter zahlreiche Sommerclubs. Diese haben meist von Mai bis Oktober geöffnet, teilweise auch bis Anfang Januar. Hier herrscht ein völlig normales Animationsprogramm, da viele Urlauber den Club schließlich nur wegen der zahlreichen Animationspro-

gramme buchen und nicht wie in einem Winterclub den Tag andernorts verbringen.
Meist beginnt der Einsatz bereits im März oder April, seltener auch erst im Mai.
Die meisten Gäste kommen natürlich in der Zeit der Schulferien, also beispielsweise Ostern oder Pfingsten. Die Hauptsaison umfasst zwei bis vier Monate, da die einzelnen (Bundes-)Länder zu unterschiedlichen Zeiten Sommerferien haben. Die anstrengendste Zeit ist damit zwischen Mai/Juni und September. Nach einer kurzen Verschnaufpause geht der Ansturm im September/Oktober wieder los (Herbstferien!).

Ganzjahresclubs

Neben den Saisonclubs stehen die Ganzjahresclubs. Diese befinden sich grundsätzlich in Ländern, in denen sich eine ganzjährige Öffnungszeit vom Klima her auszahlt – also beispielsweise Nordafrika oder die Kanaren. Die Arbeit in einem Ganzjahresclub ist in jedem Fall um einiges anstrengender als in einem Saisonclub, da nicht nur sechs Monate, sondern viel länger durchzuhalten ist. Trotzdem hat man im Allgemeinen während der Nebensaison immer wieder die Möglichkeit zur Entspannung und man kann es etwas geruhsamer angehen lassen, wenn gerade mal weniger Gäste da sind.
Während einer Saison kommt Urlaub meist keinesfalls in Frage. Wenn überhaupt, dann nur kurze Zeit während der Nebensaison oder, wie in den meisten Fällen, nach Saisonende. Während die Pforten in einem Saisonclub nach Saisonende schließen und die Animateure in den Urlaub gehen, sieht es in einem Ganzjahresclub anders aus. Meist werden hier zu Beginn jeden Jahres für mindestens acht Wochen sogenannte Ersatzcrews eingesetzt, und die eigentliche Festcrew geht für rund vier Wochen in Urlaub. Die Ersatzcrews werden aus Animateuren anderer Saisonclubs zusammengesetzt, die zu dieser Zeit keinen Einsatz haben und nur die Urlaubsvertretung bilden. In dieser Zeit herrscht ein vereinfachtes Animationsprogramm im jeweiligen Ganzjahresclub, da es unmöglich ist, in so kurzer Zeit das komplette Show- und Aktionsprogramm zu übernehmen.

Eine neue Art von Ferienclubs, seit einiger Zeit sehr im Kommen, sind die All-inclusive Clubs. Die Gäste entrichten einen Pauschalpreis und brauchen nicht einmal Taschengeld mit einzuberechnen, solange sie den Club nicht verlassen. Diverse Spirituosen sowie verschiedene Snacks außerhalb der Mahlzeiten sind im Preis inbegriffen. Dies ist natürlich eine starke Konkurrenz für manche Clubketten, die diese Vorteile nicht bieten und daneben ein Dorn im Auge der umliegenden Gastronomie.
Diese Reisen werden zum Teil zu Dumpingpreisen angeboten, um die vielleicht qualitativ bessere Konkurrenz vom Markt zu verdrängen.

Bewerbung, Vorstellung und Seminare

Vor dem Schritt ins Ausland sind natürlich erstmal diverse Hindernisse zu überwinden.

Zuerst werden alle wichtigen Unterlagen gesammelt und zum jeweiligen Clubunternehmen geschickt. Die beste Bewerbungszeit ist im Herbst, da bereits zu Anfang jeden Jahres wieder neue Ausbildungsseminare der einzelnen Organisationen beginnen.

Man sollte in der Bewerbung auf keinen Fall protzen und mit Fähigkeiten angeben, über die man nicht verfügt – genauso wenig sollte man aber sein Licht unter den Scheffel stellen. Wie fast überall im Leben ist die Goldene Mitte der richtige Weg. Stehe zu dir und deinen Kenntnissen und Begabungen, sei selbstbewusst, aber nicht überheblich.

Casting

Das Vorstellungsgespräch findet meist in Hotels oder der Firmenzentrale statt, ist oft ganztägig und beinhaltet verschiedene Gruppenaufgaben, Tanzübungen und Testverfahren. Da bei den Veranstaltern jedes Jahr Tausende von Bewerbungen eingehen, ist die Konkurrenz an diesen Vorstellungstagen besonders groß. Meist muss man sich mit etlichen Mitbewerbern durch viele Aufgaben und Tests hindurchquälen. Nach einer Vorstellung des Veranstalters folgt meist bereits die Einzelvorstellung der Casting-Teilnehmer. Meist werden dann im Wechsel nähere Informationen zur Tätigkeit gegeben bzw. Aufgaben an die Teilnehmer gestellt. Neben Details des Vertrags kommen hier auch versicherungstechnische Fragen zur Sprache. Die Tests und Aufgaben, die es dann zu erfüllen gibt, fallen von Arbeitgeber zu Arbeitgeber unterschiedlich aus. Oft sind Stundenentwürfe im jeweiligen Interessenbereich anzufertigen, und man testet die einzelnen Teilnehmer im Bezug auf Gruppenverhalten. Auch Koordinationsfähigkeit und choreographisches Können werden oftmals bereits hier geprüft. Entweder muss man versuchen kurze, vorgegebene Schrittkombinationen nachzutanzen, oder es wird eine komplette Shownummer vom Bewerber erwartet, die er vor allen vorführt.

In jedem Fall sollte man also Sportkleidung mitbringen. Es ist auch möglich, dass man aufgefordert wird, spontan eine Moderation oder kleine Bühneneinlage aus dem Ärmel zu schütteln – hier wird das Improvisationstalent auf die Probe gestellt. Nach einer langen Reihe von Aufgaben folgt dann letztlich das Einzelgespräch. Dies findet je nach Veranstalter auch in einer Fremdsprache statt.

Das klingt nach hohen Anforderungen, und den meisten wird erstmal das Herz in die Hose rutschen. Wichtig ist, sich immer in Erinnerung zu rufen, dass keine Profis gesucht werden. Stattdessen geht es darum, in herausfordernden Situationen die Nerven zu bewahren und sich möglichst souverän zu behaupten. Jeder andere Teilnehmer ist mindestens genauso aufgeregt! Es geht nicht darum, den Clubtanz am schnellsten zu lernen oder den besten Witz zu erzählen, sondern darum, sich zu überwinden und nicht gleich aufzugeben, weil einem etwas peinlich ist.

Es wird gebrettert

Vorbereitungsseminar

Die Ausbildungsseminare sind mindestens zweiwöchig und stellen nach einem Eignungstest das letzte Auswahlverfahren sowie eine Schulung der angehenden Animateure dar. Das Seminar findet meist in einem Hotel oder in der Firmenzentrale statt. Jede Cluborganisation schult ihre eigenen Animateure, Schulungen außerhalb der Organisation werden meines Wissens nicht anerkannt.

Während des Ausbildungsseminars werden die Teilnehmer mit unterschiedlichen Themen der Animation vertraut gemacht.

Angefangen über Tanz- und Theatertraining bis hin zur Sportanimation und Einführung in die Schminktechniken geht es weiter mit Moderationstraining, Kinderanimationsschulung und vielem mehr. Je nachdem, für welchen Bereich der Bewerber sich entschieden hat, erhält er eine umfangreiche Einweisung und zugleich Ausbildung auf seinem Gebiet. Außerdem werden Arbeitsgruppen zur Überprüfung der Teamfähigkeit gebildet. Man lernt auch, sich in gewissen Situationen richtig zu verhalten und seine Fähigkeiten am besten einzusetzen. Nach diesem Seminar erhält jeder Teilnehmer, der sämtliche Aufgaben und Prüfungen bestanden hat, seinen Einsatzort. Und damit geht es auch schon hinaus in die große weite Welt.

Nun ist es also endlich soweit. Das stressige Ausbildungsseminar ist überstanden und man hat in der kurzen Zeit bereits einige verrückte Zeitgenossen kennengelernt.

Sicherlich werden wie fast jedes Jahr alle Grüppchenbildungen und Cliquen schön auseinandergerissen, und jeder kommt in einen anderen Einsatzort. Entweder ist man jetzt völlig begeistert über sein erstes Zielgebiet, oder man steht noch unter Schock. Der Vogelspinnenfeind wird in den Senegal geschickt und der Sonnenanbeter in einen kalten Skiort ... so ist das nun mal. Womöglich hat man genau zwei Tage Zeit zum Abbrechen aller Brücken und zum Packen seiner Siebensachen. Wahrscheinlich ist man obendrein noch in Panik, weil man überhaupt nicht weiß, wie in der kurzen verbleibenden Zeit noch alles zu erledigen sein soll. Also Gas geben und los, und bloß nicht in Zweifel versinken, denn dafür ist es nun zu spät! Schleunigst Kofferpacken ist angesagt.

Tipps zum Kofferpacken

Was bloß mitnehmen? Mit dieser Frage muss man sich wohl oder übel immer wieder vor der Abreise an den Einsatzort befassen. Das Schwierigste ist es, sich darüber klarzuwerden, dass man nicht für einen Zweiwochenurlaub lossaust, sondern auf einen mehrmonatigen Einsatz. Glücklicherweise hat man statt der üblichen 20 kg Gepäck meist eines von 50 kg. Natürlich ist es schwierig, aber man sollte sich trotz Freigewichts bei der Gepäckmenge wirklich zurückhalten. Schließlich kauft man sich vor Ort doch das eine oder andere Kleidungsstück, und auf dem Rückflug hat man ja auch nicht mehr Freigepäck!

Am besten erkundigt man sich zuallererst über das Klima im jeweiligen Einsatzland. Da man im jeweiligen Hotel untergebracht ist, entfällt die Mitnahme von Handtüchern und dergleichen. Auch Drogerieartikel kaufe man besser im jeweiligen Land, denn viele Kosmetika beanspruchen unnötig Platz, sind schwer und zu alledem oft auch noch günstiger vor Ort zu haben. Lediglich unentbehrliche Markenartikel sollte man von daheim mitbringen, da sie im Ausland oft teurer sind. Generell aber nur das Nötigste einpacken. Ein Beautycase reicht vollkommen aus! Für alle Fälle gibt's die Club Boutique, obwohl man größere Einkäufe besser außerhalb der Anlage tätigt, da meist günstiger.

Fernseher, Video und Stereoanlage werden auch oft mitgenommen. Man erkundige sich vorher jedoch genau über die Zollbestimmungen des betreffenden Landes. Andererseits erfüllt eine Allround-Mini-Music-Anlage auch ihren Zweck und wiegt nicht einmal die Hälfte. Für CDs gibt es praktische Reisehüllen, die unglaublich viel Platz sparen. Wer nicht auf seinen "Pilotenkoffer" verzichten will, um seine ganzen CDs unterzubringen, der muss eben etwas schwerer schleppen. Elektrische Geräte, wie zum Beispiel ein Wasserkocher, sind auch von Vorteil. Es gibt nichts Schöneres, als sich zwischendurch mal ein Tässchen Kaffee zu brauen. Vorsicht mit strombetriebenen Radioweckern! In manchen Ländern sind Stromausfälle häufig, so dass man ständig verschläft.

Trotz der Kilogrenze solltest Du einige persönliche Dinge von zu Hause mitnehmen, denn mit Deinem eigenen Sternchenbettüberzug fühlst Du Dich in der Fremde gleich viel besser; und auch ein paar Familienfotos trösten in einsamen Stunden.

Hin und wieder wird sogar vom Club aufgelistet, was auf jeden Fall dabei sein muss. Jeder Animateur sollte mit sportlich-legerer Garderobe ausgestattet sein, ferner auch ein paar klassisch elegante Sachen für die Abschiedsabende der Gäste (die sogenannten Galaabende) einpacken. Teils sind gewisse Mottos zum Stil und bei der Farbe der Kleidung festgelegt. Also: gezielte Nachfrage vor dem Kofferpacken!

Bei einer derart großen Gepäckmenge empfiehlt es sich, auf Reisetaschen zurückzugreifen: man bekommt viel mehr reingequetscht.

Hierbei sollte man besser auf eine teure Nobelausstattung verzichten, denn erstens sind die Gepäckstücke nach stundenlangen Marathontouren häufig abgewetzt und zweitens wird ein normaler Koffer seltener geklaut als ein 500-Euro-Stück! Unbedingt Koffer oder Reisetaschen mit Rollen wählen, da sonst die ganzen Kilos durch die Gegend zu schleppen sind. Am Flughafen oder Bahnhof gilt es, sofort einen Kofferkuli zu ergattern, sonst kommt man halbtot an! Die Deutsche Bahn hat neuerdings sogar einen Gepäckträgerservice, der sehr zu empfehlen ist! Man sagt dem Servicepersonal Bescheid, und schon holt einen ein netter Bursche mitsamt Gepäckwagen vom Zug ab.

Zusammengefasst noch einmal die Utensilien, die auf jeden Fall eingepackt werden sollten:

- sportliches Outfit/ Trainingsanzug und Turnschuhe
- Badeanzug bzw. sportlicher Bikini
- schwarze Abendschuhe
- Abendgarderobe (evtl. in bestimmten Farben für Themenabende, am besten vorher abklären)
- Armbanduhr
- Wecker

- Passfotos
- Kopie des Arbeitsvertrages
- Personalausweis
- Europäische Krankenversicherungskarte
- Impfpass

Auch nicht schlecht, aber im Notfall entbehrlich sind die folgenden Dinge:
- Reisepass (sollte noch 3 Monate über die Aufenthaltsdauer hinaus gültig sein)
- evtl. Führerschein
- EC- oder Kreditkarte
- Etwas Bargeld, evtl. auch Travellerschecks
- Sonnenbrille
- Adressen und Telefonnummern von den Lieben daheim
- Walkman/iPod/MP3-Spieler (mit Kopfhörern!)
- CDs
- evtl. Spielzeug/Bücher für Kinderbetreuung
- Mehrfach-Steckdosenleiste
- Wasserkocher
- Fotoapparat
- evtl. die Pille

So langsam müsste ein jeder nun mit dem Kofferpacken klarkommen; falls immer noch Probleme bestehen, dann gibt es überall noch Läden, wo man besondere Reiseutensilien einkaufen kann, die allesamt winzig klein und handlich sind.

Bevor man nun nach stundenlangen Pack-Arien mit seinem Krempel das Haus verlässt, sollte noch jedes Gepäckstück mit Namen und Adresse sowie Zielort beschriftet werden. Am besten legt man auch noch einen Zettel damit oben in jedes Gepäckstück hinein. Ferner notiere man sich Farbe und Marke jeder einzelnen Tasche oder jedes Koffers. Falls irgendetwas schiefläuft, wird die Suche dadurch mächtig erleichtert.

Zuletzt noch ein kurzer Check aller wichtigen Reiseunterlagen wie Reisepass, Personalausweis, Führerschein, Impfpass, Gesundheitsunterlagen, etc. bevor man aus der Haustür schreitet. Am Flughafen ist es dafür zu spät!

Tricks am Flughafen

So, jetzt stehst Du mutterseelenallein am Flughafen, musst Dein Ticket an irgendeinem Schalter abholen und dann erstmal warten, ob Du mit dem Stand-By-Flug überhaupt mitkommst. Versuche auf jeden Fall, so schnell wie möglich Dein Gepäck einzuchecken, so dass Du Dich entspannt zurücklehnen kannst. Leider ist dies wegen Deines Stand-by-Tickets oft erst kurz vor Abflug möglich.

Es heißt also, alles gut im Auge zu behalten, ansonsten fehlt schon vor Abflug Gepäck. Wenn's dann endlich zum Einchecken geht, setze um Himmelswillen Deine freundlichste Miene auf, denn bestimmt hast Du trotz Deiner nahezu perfekten Kofferpackstrategie Übergewicht! Wenn's mal 5 Kilo mehr sind, sagt meist niemand etwas, aber bei 30 Kilo wird's brenzlig. Besteht eine böse Ahnung, dann suche Dir vor dem Abflug irgendeinen netten Single mit wenig Gepäck, dem Du einen Koffer dazustellen darfst. Irgendwann sitzt Du endlich im Flugzeug und schaust entspannt auf die Wolkendecke, doch bereits am Zielflughafen wirst Du jäh aus Deinen Träumen gerissen. Hier erwarten Dich schon die überaus eifrigen Zollbeamten, die nichts Besseres zu tun haben, als Dein Gepäck von oben bis unten zu durchwühlen. Werde bloß nicht unfreundlich, sonst wanderst Du womöglich direkt zur Polizei ... – Aber keine Sorge, je länger der Zöllner Deinen Pass studiert, umso sicherer kannst Du sein, dass er nur Deine Adresse auswendig lernt und sich bereits überlegt, wie er Dich am besten kennenlernt.

Telefonieren nach Hause

Richtig teuer kann es werden, wenn man einfach sein Handy von daheim nimmt und vom Ausland aus munter weiter SMS schreibt oder gar telefoniert. Besser ist es zu skypen oder sich vor Ort ein günstiges Prepaid-Handy zuzulegen und das eigene Handy nur noch als Adressbuch zu nutzen. Wer Glück und ein Handy ohne SIM-Lock hat, benötigt nur eine Prepaid-Karte.
Eine gute Möglichkeit, günstig zu telefonieren, sind Telefonkarten für Auslandsgespräche.
Mithilfe eines Zahlencodes telefoniert man sehr günstig, ob aus der Telefonzelle oder von einem Festanschluss. Die Karte ist mehrfach benutzbar und in verschiedenen Preisklassen erhältlich.

Ankunft und erste Tage

Nach dem geglückten Transfer vom Flughafen lernt man im Hotel meist erst einmal das Team kennen, sofern gerade abkömmlich. Natürlich ist es unmöglich, sich gleich alle Namen zu merken, aber die wichtigsten (z. B. vom Teamchef) sollte man doch behalten. Oft erhält man einen „Paten" aus dem Team, der einen herumführt, die Abläufe erklärt und überhaupt erzählt, wie es so abläuft. Das kann den Animationsalltag allgemein betreffen, aber auch Öffnungszeiten der hoteleigenen Restaurants, den Plan der Anlage oder Regelungen bzgl. der Freigetränke.

Auch wenn es der erste Tag ist: immer alle Gäste begrüßen, und wenn man x-mal dem Gleichen über den Weg läuft! Am besten, man stellt sich gleich als der oder die „Neue" vor. Generell gilt: Fragen, fragen, fragen! Nur so findet man schnell heraus, wer für was verantwortlich ist, wo man seine Wäsche waschen kann, zu wem man bei Problemen geht, wo es Getränke für die Crew gibt, etc.

Lange gefackelt wird nicht: man wird gleich überall mitmachen! Das kann bedeuten, bei einem Volleyballmatch Gäste gegen Anis mitzubaggern, eine kleine Rolle für das Abendprogramm einzustudieren oder eine Schatzsuche für Kinder zu veranstalten.

In der Regel wird man zu Beginn der Saison eingestellt, d.h. es beginnen auch alle Ani-Neulinge gemeinsam. Das verbindet, bedeutet aber, dass umso intensiver geprobt werden muss, um alle Shows, Tanzeinlagen, Musicals, Sketche etc. perfekt einzustudieren.

Derart ins kalte Wasser geschmissen, merkt man dann auf einmal, dass man doch noch nicht so souverän vor Hunderten von Leuten steht, um eine lässige Ansage ins Mikrofon zu machen, dass der perfekt einstudierte Clubtanz auf einmal nicht mehr klappt, und dass die Stimme beim ersten Lied ganz schön zittert. Viel Zeit für flatternde Nerven bleibt aber nicht, denn es ist immer was zu tun. Und nach ein paar Tagen hat man sich an alles gewöhnt und fühlt sich schon ganz als alter Hase.

Stößt man dagegen später zum Team als alle anderen, heißt es umso mehr "proben, proben, proben", um wieder aufzuholen. *Alena* war bei ihrem Vorstellungsgespräch lediglich gefragt worden, ob sie Rhythmusgefühl habe. „Da ich bereits in der Schule getanzt habe, war das kein Problem. In den ersten Tagen im neuen Hotel hab ich schnell verstanden, warum das wichtig war: Es ist leichter, die Shows zu lernen, wenn man vorher schon ein paar Choreographien gelernt hat. Wir haben morgens vor dem Frühstück angefangen zu proben, und in den Mittags- und Nachmittagspausen haben wir weiter gemacht. Für Sketch- und Playbackshows haben wir nur zweimal geprobt und die Show durchgesprochen ..."

Vorbereitungszeit und Showvorbereitung

Häufig treffen die Animateure schon einige Zeit vor der offiziellen Eröffnung in der Clubanlage ein, um die Veranstaltungen und Aktivitäten der kommenden Saison zu erarbeiten. Die sogenannte Vorbereitungszeit beginnt. Hierbei schließen sich die einzelnen Animationsbereiche in Gruppen zusammen und arbeiten ihre jeweiligen Animationsprogramme aus. Hauptsächlich werden Proben für die Bühnenshows durchgeführt, denn zu Beginn jeder Saison muss ein volles 24-wöchiges Showprogramm fertig sein. Je nach Aufwand und Größe der Produktion dauern Proben 24 Wochen. Choreographen und Regisseure werden eingeflogen, die verantwortlich für die Proben und das Einstudieren der neuen Shows sind. Bühnen- und Kostümbildner setzen Ideen um, Kostüme werden geschneidert, und die Ton- und Lichttechnik werden vervollständigt. Durchschnittlich sind bei jedem Abendprogramm mindestens 20 Akteure, ein Regisseur, ein Choreograph, einige Bühnenbildner und Schneider beschäftigt. Einsatz, Disziplin und Pünktlichkeit werden verlangt.

Während in einem Saisonclub vor Eröffnung des Club die Vorbereitungen laufen, findet in einem Ganzjahresclub die Vorbereitungszeit während der laufenden Saison statt. Für einige Wochen befinden sich dann in einem Ganzjahresclub zwei Crews: die Ersatz- und die Festcrew. Nach Rückkehr der Festcrew aus ihrem Urlaub fängt für sie die Showvorbereitung zur neuen Saison an. Programme und Aktionen werden sozusagen heimlich vorbereitet, während draußen in der Clubanlage die Ersatzcrew noch das Urlaubsprogramm durchzieht. Vorbereitungen sind anstrengend, da meist nur kurze Zeit zur Verfügung steht und der Rest der Shows während der laufenden Saison einzustudieren ist.

Dies bedeutet zahllose Nachtproben, wenig Mittagspausen und Stress, Stress, Stress ...

Die Showvorbereitungen gehören mit zu den anstrengendsten Dingen in der Vorbereitungszeit – das sieht auch *Daniel* so: „Ich war baff als die Arbeit begann.

- 9 Uhr aufstehen, frisch machen und kurz frühstücken
- 9 Uhr45 Meeting
- 10-12 Uhr 30 Tagesanimation
- 12.40-14 Uhr 30 Tanzprobe
- 14 Uhr 30 Nahrungsaufnahme
- 15-17 Uhr 30 Tagesanimation
- 18-19 Uhr 30 Tanzprobe
- 20-20 Uhr 45 Kinderdisco
- 21-22 Uhr Abendshow
- 22-24 Uhr Gästekontakt, und dazwischen noch irgendwie die Bühne in Ordnung bringen
- 24 Uhr-Open End Nachttanzprobe

So oder so ähnlich sah ein Tagesablauf zu Beginn der Saison aus, als unsere großen Musicalshows eingeübt wurden. Während dieser Zeit habe ich einige Animateure kommen und gehen sehen. Es war einfach eine unglaublich anstrengende Zeit – physisch und psychisch. Man ist gerade ein paar Tage da, und es wird wirklich volle Pulle losgelegt – man wird quasi ins kalte Wasser geworfen und muss plötzlich Kinderdiscos moderieren und für die Kinder den Clown machen; wird ganz nebenbei noch zum Tänzer ausgebildet, und das Tagesprogramm soll auch ordnungsgemäß durchgeführt werden, so dass die Gäste zufrieden sind ... – Von Traumjob zu Beginn erst einmal keine Spur!"

Wenn es dann aber endlich soweit ist und eine Show den Gästen präsentiert wird, ist jeder stolz darauf, was er auf die Beine gestellt hat.

Die allabendlichen Shows zählen mit zu den schönsten Erinnerungen, und jeder Applaus sowie jedes anerkennende Kompliment motivieren aufs Neue und entschädigen für die Aufregung und die Schweißtropfen bei den Vorbereitungen. Auch das Lampenfieber verliert sich nach einiger Zeit, und man fühlt sich bald auf der Bühne zu Hause. Durch die hellen Scheinwerfer sieht man während einer Show eh nichts vom Publikum, also nur Mut! Vielleicht entdeckt so mancher ungeahnte Talente in sich, zum Beispiel im Tanz- oder Gesangsbereich.

Wer während einer Show nicht als Darsteller auftritt, der hilft bei der Beleuchtung oder assistiert beim Schminken und Kostümwechsel. Die Aufführungen dauern mindestens 45 Minuten. Man muss nur aufpassen, mit improvisierten Szenarien nicht übermütig zu werden, denn wer sich selbst zu sehr in Szene setzt und versucht, die anderen an die Wand zu spielen, wird bei den Kollegen nicht sehr beliebt. Trotz aller Professionalität gehören hin und wieder aber auch ein paar Späße untereinander dazu, damit die Luft nicht so schnell draußen ist.

Jeder hat mal ein paar Durchhänger, und es geht ziemlich auf die Knochen, den ganzen Tag auf Achse zu sein und zusätzlich bei den Abendveranstaltungen mitzuwirken. So mancher Animateur hat nach der Animationszeit ein paar Falten mehr ...

Vorbereitungszeiten werden in den verschiedenen Clubs natürlich unterschiedlich gestaltet. Manche bieten morgens um 8 Uhr Frühsport an, an dem sich jeder beteiligen muss. Abgesehen von verschiedenen Showproben verbringt man seine Zeit mit Putzen, Streichen, Showkostümaussortieren und vielen anderen Sisyphosaufgaben.

Nach der anstrengenden Vorbereitungszeit kann man es dann kaum erwarten, die ersten Gäste zu begrüßen, um die neu erarbeiteten Programme zu präsentieren.

Typischer Tagesablauf

Jeder Tag in der Animation sieht natürlich anders aus, so lässt sich nur ein ungefähres zeitliches Schema erstellen, da gewisse Programmpunkte immer zur selben Zeit stattfinden.

Und so könnte ein Tagesablauf aussehen:

8 h: Showprobe fürs Abendprogramm
9.30 h: Animationsmeeting im Anibüro
12.30-15 h: Hauptzeiten sämtlicher Animationsprogramme wie Sportstunden, Turniere, Wettkämpfe, Radioprogramme, etc.
12.30-15 h: Offizielle Mittagspause, ab 13 h aber fast täglich Showproben, Dekorationsarbeiten, Meetings, etc.

15-18 h: Kernzeit der Mittagsprogramme imAnimationsbereich.

18-20.45 h: Offizielle Abendpause, jedoch wird zwischen folgenden Aufgaben abgewechselt:

18-18.30 h: Baraktion, Singletreff, Sportlertreff, etc.

18.50-20 h: Restaurantaktionen, Standbilder, also eine Aktion, bei der man mottogetreu verkleidet vor dem Restaurant die Gäste begrüßt oder still verharrt, Kochdienste und Spaliere (einmal wöchentlich muss die gesamte Animation zum Galaabend schick gekleidet vor dem Restaurant Spalier stehen).

20.45 h: Showtreff in der Requisite, Backstage Vorbereitungen.

21.30 h: Showtime

22.30 h: Discostart, Mottonächte, Beachpartys, etc.

24 h: Latenightspecial , also eine kurze Showdarbietungin der Disco oder am Pool

Der Tagesablauf eines Animateurs ist also alles andere als erholsam. Neben den vielen Hauptprogrammen gibt es allerlei spontane Aktionen, kurzfristige Umorganisationen und vieles mehr. An manchen Tagen hetzt man buchstäblich von einem zum anderen Programmpunkt, an anderen Tagen ist es wieder etwas ruhiger. Eines steht jedenfalls fest: die Tage sind so ausgefüllt, dass die Zeit rasend schnell vergeht. Jeder Animateur muss seine Kräfte gut einteilen, um eine volle Saison zu überstehen.

Meetings

Bevor das Animationsprogramm jeden Tag beginnt, findet im Animationsbüro häufig eine Besprechung (ein *Meeting*) statt, wobei nur die Festcrew, eventuell einige Freelancer, anwesend sind.

Hier werden sämtliche Programmabläufe, Probleme innerhalb der Crew, Organisationen und Showeinteilungen, etc. besprochen.

Dieses Meeting ist wichtig, um jedem Animateur etwaige Fragen zum Tagesgeschehen zu beantworten, und um die Tagesabläufe einzuteilen.

Alle auf Deck?

In *Mikes* Animationsteam liefen die Meetings meist ähnlich ab:
„Die Rollen waren eingespielt und der Tagesablauf, besondere Vorkommnisse, oder auch Probleme wurden hier angesprochen. Wir waren aufgrund der vielfältigen Gäste auch ein sehr internationales Animationsteam aus Deutschland, Holland, England, Schweden und Spanien. Unsere „Hauptsprache" war natürlich Englisch, was mir jedoch aufgrund meiner zweisprachigen Erziehung nicht schwerfiel. Das Treffen morgens hatte aber nicht nur den Sinn, gemeinsam den Tag zu planen und zu besprechen, sondern war sicherlich auch wichtig, um zu

sehen, ob alle pünktlich wach und gut eingestellt waren; gleichzeitig diente es als gemeinsamer Start in den Tag."

Oftmals gibt es auch abends vor einer Show oder einem Mottoabend Besprechungen, die auch dazu dienen, letzte organisatorische Punkte zu besprechen. Einmal wöchentlich findet häufig ein zusätzliches Meeting der einzelnen Teams innerhalb der Crew statt, um die jeweiligen Programme der kommenden Woche auszuarbeiten und Unstimmigkeiten zu klären. Haben alle Bereiche ihre Besprechungen abgehalten, so findet ein Großmeeting statt, bei dem alle drei Animationsgruppen aufeinandertreffen: Festcrew, Freelancer und Gastanimation tauschen Ideen, Tipps und Ratschläge untereinander aus.

Natürlich ist das in jedem Job, jedem Club oder Hotel verschieden – bei *Alena* beispielsweise stand lediglich ein Treffen zu Wochenbeginn fest auf dem Programm; ansonsten erfolgten Versammlungen und Besprechungen spontan: „Wenn ein Teammeeting anstand, wurde ich gewöhnlich angerufen, worauf wir uns im Zimmer unseres Chefanimateurs trafen. Am Anfang der Woche wurde der neue Plan für die kommende Woche besprochen. Den ganzen Tag über war ich mit dem Team zusammen – zu Mittag haben wir alle im Restaurant gegessen. Da wurde schon einiges für den Tag besprochen, und auch in den Proben wurde noch mal das Wichtigste durchgegangen. Festgelegte Termine gab es allerdings nicht, das war nicht nötig."

Und häufig läuft es bei so mancher Besprechung nicht immer ganz friedlich ab, da bei einem großen Team oftmals aufgestaute Unstimmigkeiten und Streitereien zutage treten.

Leider zeigt nicht jeder Animateur genügend Chuzpe, vor einem so großen Team den Mund aufzumachen. Doch um ein reibungsloses Arbeitsklima zu erhalten, ist die Ausräumung aller Probleme wichtig.

Hier ein Tipp an alle Einsteiger: lasst Euch durch sogenannte faule Eier (Animateure, die schon jahrelang in einem Club sitzen und meinen, sie wüssten alles besser, die Neulingsideen gerne ausbremsen und die Stimmung vergiften) nicht einschüchtern.

Jeder hat mal klein angefangen – lasst Euch also Eure guten Ideen nicht verderben! Oftmals bewirkt ein klärendes Gespräch unter vier Augen Wunder – und wenn's zur Not dann eben mit dem Teammanager ist!

Erste Konflikte

Gleich nach Ankunft in einem Club heißt es: Von Anfang an selbstbewusst auftreten und sich niemals von Typen unterkriegen lassen, die einen nicht ernstnehmen. Ehrgeizige Kollegen und Neider existieren auch in der Animation, auch Leute, die sogar ihre eigene Großmutter verkaufen würden. Meist handelt es sich um irgendwelche wichtigtuerischen Personen, die anderorts versagen würden, also über den Dingen stehen und autark bleiben. Kopf hoch und nur Mut! Deine eigene Kreativität muss akzeptiert werden – lass Dich nicht ausbremsen! Versuche, die Dinge an schweren Tagen und in schwierigen Situationen mit Humor zu sehen und halte Dir vor Augen, jederzeit aussteigen zu können, wenn Du Dich ausgenutzt fühlst.

Anfangs fällt die Eingliederung in ein Team mitunter schwer. Sei stets offen und direkt und suche den Kontakt zu Deinen Kollegen. Vorsicht ist jedoch immer geboten! Gib nicht gleich zuviel von Dir preis. Suche Deine neuen Freunde genau aus, denn es wimmelt hier nur so von Klatschtanten! Bei intriganten Kollegen hilft nur eins: Aussprache – oder notfalls ein Duell ...

Generell gilt: Kommunikation ist das A und O! Sei es, dass sich das Gefühl einschleicht, immer nur die unangenehmen Aufgaben übernehmen zu müssen, sei es, dass der Zimmerkollege mit seiner Unordnung nervt, sei es, dass hinter jemandes Rücken gelästert wird – es ist in jedem Fall besser, das Problem offen anzusprechen. Die meisten Konflikte lassen sich lösen, wenn jeder darüber redet, was ihm Probleme bereitet bzw. nervt, und wie jeder Einzelne zu einer Verbesserung der Lage beitragen könnte. Man wird nicht immer mit jedem (ob Gast oder Kollege) gut zurechtkommen, aber mit ein wenig gegenseitiger Toleranz und Rücksichtnahme geht es dann irgendwie doch.

Vorsicht mit der Clubkarte, denn die könnte spätestens bei der ersten Rechnung zum Verhängnis werden! Trotz der Prozente, die man bekommt, ist das Clubleben teuer, also besser immer mitrechnen. Wichtig ist es auch, grundsätzlich zu Monatsende seine Bons zu kontrollieren – alle, die man nicht unterschrieben hat, sind rechtzeitig zurückzugeben. Es ist unglaublich, aber wahr: es gibt tatsächlich Leute, die mit Deiner Clubkartennummer bestellen und auch noch frech Deine Unterschrift fälschen würden.

Auch wenn anfangs schwierig: Gästekontakt ist sehr wichtig! Wer nur mit Kollegen an der Bar sitzt, hat schneller Ärger am Hals, als ihm lieb ist. Also stets versuchen, Gäste mit ins Gespräch einzubeziehen, denn es gibt so viele nette Touristen, bei denen man sich genauso entspannen kann und ein nettes Plauderstündchen hat. Zudem lernt man wirklich interessante Leute kennen und sammelt dadurch allerhand Erfahrungen im Umgang mit Menschen.

Eingewöhnung

Alena erzählt, dass ihr der erste Gästekontakt nicht ganz leicht fiel:
„An meinem ersten Abend war ich aufgeschmissen. Es hätte sicher geholfen, wenn ich meine Uniform angezogen hätte; so hatte ich meine normalen Sachen an und musste jedes Mal erklären, warum ich die Leute gerade anspreche. Ein Nachteil war auch, dass mich die Leute eben noch nicht kannten. Aber nach einigen Tagen und vor allem nach den ersten Shows wussten die Gäste, dass ich zum Animationsteam gehörte, und von da an hat mir das *Public Relation* richtig Freude bereitet. Ich wurde gefragt, ob ich zum Beispiel mit Darts spielen, tanzen gehen oder mich einfach dazusetzen wollte. Am leichtesten war es, die Leute nach der Show anzureden, wie es ihnen gefallen hatte, wie sie es fanden und so weiter ... Es gibt immer Gäste, mit denen man sich besser versteht und manche, die einem nach einiger Zeit sogar richtig ans Herz wachsen und die man dann am Tag ihrer Abreise doch noch eben am Bus verabschiedet."

Natürlich ist es oftmals anstrengend, stets motiviert und engagiert bei der Sache zu sein, jedoch sollte ein jeder wenigstens versuchen, diesen Eindruck zu erwecken, auch wenn mal keine Lust vorhanden ist. Man versuche seine Energie immer einzuteilen – denn wer jede Nacht feiert und wenig schläft, fällt irgendwann um ...

Einer der wichtigsten Punkte ist die Arbeitsqualität. Versuche alle Programme und Aufgaben gewissenhaft auszuführen. Schließlich trägt man meist eine große Verantwortung, z.B. bei Sportstunden und Kursen. Wenn jeder Animateur seine Aufgaben gut erfüllt, dann stimmen Teamarbeit und Klima untereinander.

Es wird öfter mal Tage geben, an denen man sich furchtbar mies fühlt, vielleicht sogar Fieber hat und trotzdem auf der Bühne gebraucht wird. Wenn es mal keine Ausweichmöglichkeit für eine Show gibt und man von einem Tag auf den anderen keinen Ersatz für Deine wichtige Rolle hat, heißt es, sich zusammenzureißen. Das heißt nicht, dass man unersetzlich sei. Jeder ist ersetzbar – dies merkt man sehr deutlich in diesem Job. Während Du noch rätselst, ob Du so weitermachen kannst, wird hinter Deinem Rücken bereits über Deine Ablösung debattiert. Im Grunde genommen gibt es tausend gute Tipps und Ratschläge, die man beachten könnte oder sollte. Grundsätzlich muss jeder für sich das Wichtige selbst herausfinden, und wie er sich in einem Club verhält. Es ist aber nun mal einfacher, sich als Neuankömmling zurechtzufinden, wenn man schon einige Kenntnisse hat ...

Animationsstandards

Animationsstandards sind Regeln, nach denen sich die Animation richten muss. Jedem Animateur werden sie vor Beginn seines Einsatzes im jeweiligen Club ausgehändigt.

Hier einige Beispiele:

* Im Restaurant sollten mittags und abends niemals mehr als zwei Animateure, bzw. Mitarbeiter am selben Tisch sitzen und Gästekontakt pflegen. Auch an den Bars innerhalb der Clubanlage stehen niemals mehr als drei Mitarbeiter zusammen und wenn, dann stets mit Gästekontakt.

* Gäste werden grundsätzlich gegrüßt, ein freundlicher Umgangston ist selbstverständlich. Sobald man sich mit einem Gast unterhält, sind sofort die Sonnenbrillen abzusetzen.

* Wenn ein Gast etwas zu reklamieren hat oder eine Auskunft möchte, hat man sich schnellstens darum zu kümmern, auch wenn es mal wieder in die Mittagspause fällt. Unbedingt zu vermeiden sind Aussprüche wie: "Ich weiß nicht, frage mal jemand anders" oder "Ich habe gerade gar keine Zeit". Hin und wieder gibt es sogar: "Ich bin zuständig" Gürteltaschen, die jeder Animateur tragen sollte, um aufkommende Fragen, Wünsche oder Beschwerden von Gästen zu notieren. Kritische Anmerkungen können häufig notwendige Änderungen bewirken.

* Jeder Mitarbeiter, der sich an seinem freien Tag im Club aufhält, hat sich genauso dem Gast gegenüber zu verhalten, wie in seiner Arbeitszeit.

* Pünktlichkeit zu allen Programmpunkten und Höflichkeit, auch den eigenen Mitarbeitern gegenüber, sind unumgänglich. Man sollte bereits fünf Minuten vor jedem Programmbeginn an Ort und Stelle sein.

* Gästebetreuung findet von 10 h morgens bis mindestens Mitternacht statt.

* Uniformpflicht herrscht teilweise täglich oder an An- bzw. Abreisetagen, wobei Namensschilder immer zu tragen sind, auch wenn man zum hundertsten Mal zurück ins Zimmer rennt, weil man diesen verflixten Button schon wieder vergessen hat.

- Sind zwei verliebt, sollten sie am besten wild knutschend an der Poolbar stehen oder mitten auf der Tanzfläche in der Disco ... Nein, natürlich darf dies niemals öffentlich zur Schau gestellt werden! Beziehungen innerhalb der Crew sowie zwischen Gästen und Animateuren sind äußerst diskret zu behandeln.
- Getränke werden niemals aus der Flasche getrunken. Füße und Beine gehören nie auf den Tisch.
- Die Sonnenliegen am Pool sind ausschließlich Gästen vorbehalten und für Mitarbeiter gesperrt.
- Außerdem sollte ein Animateur stets gepflegt und sauber aussehen, also die zerrissenen Jeans besser gleich zu Hause lassen. Das äußere Erscheinungsbild sollte also immer ordentlich sein: Kleidung, Haare, Rasur!
- Mit sichtbaren Steckern und Tätowierungen haben manche Gäste Probleme und damit u.U. auch die Clubleitungen.
- Firmeninterna und Probleme untereinander dürfen niemals den Gästen zu Ohren kommen. Diese merken nämlich sehr rasch, wenn die Crew nicht harmoniert und meinen dann, dies wirke sich auf die Atmosphäre und das Entertainment aus, womit sie meist auch Recht haben. Vermeide Gespräche über Kollegen und versuche das Thema grundsätzlich in eine andere Richtung zu lenken. Sämtliche Vorgänge innerhalb der Crew haben den Gast nicht zu interessieren.
- Bei Ertönen der Clubtanzmelodie müssen grundsätzlich alle Animateure in näherer Umgebung mittanzen!
- Das Langschläferfrühstück ist nicht für die Animation, sondern nur für die Gäste gedacht.
- Gesellschaftsspiele werden niemals untereinander, sondern nur mit Gästen gespielt, abgesehen von der Freizeit.
- Drogenkonsum ist strengstens untersagt; Alkohol im Übermaß während der Arbeitszeit ist auch verboten.
- In den Animationszimmern darf sich keinerlei Betriebseigentum befinden, wie Restaurantgeschirr, Kostüme, Tonträger, etc. ...
- Bei Aktionen und im Gehen herrscht strenges Rauchverbot!

Für *Alena* klangen die Regeln anfangs ziemlich streng: „Man darf zum Beispiel den Pool nicht benutzen, es sei denn man bietet Wasserball o.Ä. an. Es ist verboten, etwas mit Gästen anzufangen. In der Regel gehen die Gäste vor, d.h. wenn wir ins Fitnessstudio wollten, mussten wir darauf achten, dass es nicht zu voll war. Wenn mehr Gäste im Hotel waren, haben wir etwas gewartet, bis wir zum Essen gegangen sind. Weitere Regeln: Der Backstagebereich muss ordentlich gehalten werden. Alkohol ist während der Arbeitszeit verboten. Solange man sich im Hotel aufhält, arbeitet man. Auch an meinem freien Tag galt: Wenn ich auf dem Hotelgelände war, musste ich die Gäste grüßen. Die Regeln unterschei-

72

den sich natürlich von Hotel zu Hotel. In meinem zweiten Hotel an der Costa Calma gab es zum Beispiel ein paar Sonderregeln. Wir durften uns in unserer Freizeit nicht auf dem Hotelgelände aufhalten, außer in unseren Zimmern natürlich. Wir mussten eine halbe Stunde vor den Essenszeiten die Gäste vor dem Restaurant begrüßen, bevor wir uns selbst zu Tisch begeben durften."

Mike erinnert sich an die wichtigsten Regeln in seinem Animationsteam: „Oftmals gingen wir nach dem Abendprogramm noch gemeinsam in eine Bar oder Diskothek, um den Tag mal mehr, mal weniger gemütlich ausklingen zu lassen. Sicherlich wurde hier auch mal das eine oder andere alkoholische Getränk konsumiert, wobei eine klare Regelung lautete, dass man nur eingeschränkte und überschaubare Mengen an Alkohol zu sich nehmen sollte. Meist wurde diese Regel auch befolgt.

Ein weiteres absolutes „NO GO" lautete, dass man mit Gästen feiern darf, gute Laune haben „muss" – es jedoch beim Feiern belässt. Diese „NO GO" Regel wurde auch meist befolgt und somit kam es hier selten zu Irritationen. Unabhängig davon gab es durchaus durch alle Schichten und Altersstufen hier und da mal ein, ich nenne es mal „erweitertes Augenzwinkern" ... Da das Lokalitätsangebot rund ums Hotel überschaubar war, wurde man oft erkannt und auch direkt angesprochen. Die Regel galt für den Arbeitsbereich sowie für den Freizeitbereich wie beispielsweise den wöchentlichen freien Abend, den man meist wirklich nutzte und genoss."

Im Grunde genommen ist es normal, in jedem Club ähnliche Regeln und Gesetze anzutreffen, denn sonst ginge ja alles drunter und drüber. Andererseits sind manche Regeln vielleicht wirklich mehr als albern, aber was soll's. Jeder muss sich danach richten, sonst gibt's eine Abmahnung und im schlimmsten Fall einen Clubverweis.

Ein ganz normaler Tag ...

Klingeling – der Wecker rappelt, und ich würde mich am liebsten nochmal umdrehen – heute sind die Showproben bereits um 8 Uhr am Pool, also zwänge ich mich völlig verschlafen in meine Animationsuniform und renne los ...

Natürlich fängt der Tag bereits mühsam an: noch völlig benommen von der letzten Nacht muss man jedem Gast ein feuriges "Guten Morgen" zurufen.

Nach der Probe geht's ab zum allmorgendlichen Kurzmeeting, in dem alle wichtigen Aufgaben verteilt und Programme besprochen werden. Danach beginnt die Vorstellung des Teams und Begrüßung der Gäste. Vielleicht hat man noch Zeit für einen kleinen Kaffee an der Bar, und schon trennen sich die Wege aller.

Während der eine Animateur versucht, müden Urlaubern schweißtreibende Übungen beizubringen, sülzt der andere Animateur heiter bis wolkig das Tages-

programm ins Mikrophon, gefolgt von Radioprogrammen wie "Radio Ge-
schmacklos" (von Heino bis Heintje), um Höchststimmung bei den Gästen zu
erzeugen.

Die Kinderanimation wird von den ersten "Hosenscheißern" tyrannisiert, die
Choreographen müssen sich mit „Tanzgenies" herumplagen, und dem Tagesani-
mateur wird die erste Bocciakugel von einem altersschwachen Rentner auf den
Fuß geworfen.

Weiter geht es mit dem Clubtanz und lustigen Poolspielchen: kaum hast Du
die bunten Schaumgummi-Gymnastiknudeln aus dem Pool entfernt – besser gesagt, schreienden Kindern entrissen, die sich die Dinger um die Ohren schlagen
und als Beißringe benutzen – darfst Du auch schon 20 Löffel im ganzen Pool
verstreuen: heiteres Schatztauchen ist angesagt. Der "Löffeltauchsieger" bekommt eine Flasche Sekt. Dummerweise gewinnt ausgerechnet der kleine 8-
jährige Flori, den ich mit einem Softeis abspeise.

Beleidigt schnaufend löst sich die Gruppe auf, und ich werde noch mal keck
von einem besonders witzigen Gast in den Pool geschubst. Ich lache und tue so,
als ob ich von seinem Einfall wahnsinnig begeistert sei.

Kurze Zeit später beginnt unser allwöchentlicher traditioneller bayrischer Frühschoppen. Dass wir uns in Afrika befinden, interessiert momentan die wenigsten. Unser schwarzer Animateur Mohammed hat sich wieder sein Lieblingskostüm aus der Tagesrequisite angezogen: einen gelben Rüschenrock mit roten Punkten. Auf dem Kopf trägt er einen alten Tirolerhut. Seine Fans sind begeistert und werfen ihn kichernd zum dritten Mal in den Pool. Clubchef Toni lässt sich bei seinem Lieblingsfrühschoppen auch mal unter den Gästen blicken: fröhlich verteilt er Weißwürste und schaut den weiblichen Gästen hinterher. Nach dem einen oder anderen Bier entreißt er unserem Bandsänger das Mikro und trällert "In München steht ein Hofbräuhaus ..." – wir sind begeistert, trotzdem nutzen wir die Gelegenheit, um uns für ein paar Minuten unauffällig zu verdrücken.

Kurz darauf verkleiden wir uns für die nächste Aktion: "Gästeshow-Sponti" steht auf dem Plan. Dies bedeutet nichts anderes, als lustig verkleidet durch den Club zu jagen und neue Gäste für die kommende Gästeshow zu gewinnen. Als Asterix und Obelix laufen wir völlig entnervt durch die Anlage. In vier Tagen ist die Show – jetzt müssen wir alles geben, denn ohne Teilnehmer keine Gästeshow, das gibt wieder Ärger. Enthusiastisch steuern wir forsch auf unsere ersten Opfer zu. Leider haben wir das junge Pärchen nicht überzeugt; egal, mit List und Tücke bekommen wir acht Leute zusammen. Puh, das war wieder mühsam. Allerdings brauchen wir insgesamt mindestens zwanzig Teilnehmer, denn sonst müssen wir wieder selbst einspringen. Also weiter geht's mit "Gästebaggern".

In der Mittagspause heißt es heute Abdekoration des Frühschoppens und Aufdekoration für die Abendshow. Die eine oder andere Tanzprobe darf auch nicht fehlen. Zwischendurch geht's noch schnell ins Restaurant. Danach steht eine Großaktion auf dem Programm: Olympiade – Spiele im Pool und auf dem Clubgelände. Glücklicherweise können wir uns als Abendanimation in die Requisite zurückziehen, wo auch schon ein riesengroßer Berg Wäsche auf uns wartet.

Nur mit Mühe bekomme ich den Wäschekorb hoch, mit dem ich schwankend die Treppe hinuntersteige. Man entwickelt ungeahnte Kräfte, denn zu Hilfe kommt mal wieder keiner. Unsere Dekorateure sind gerade beim Luftballonaufblasen und schauen mir grinsend beim Tragen zu. Sie mögen mich so sehr wie ich sie. Ich meckere vor mich hin, was mich leider auch nicht weiterbringt.

In der Wäscherei angekommen, gibt es ein großes Tohuwabohu: die Kostüme für unsere heutige Show sind nicht fertig. Ich beschimpfe den Zuständigen auf Deutsch, doch der versteht kein Wort und grinst nur blöd. Er beleidigt mich in seiner Landessprache und wird richtig unangenehm. Wir verstehen uns prächtig – ich nehme die Wäsche schmutzig wieder mit. Stunden später sind endlich alle Kostüme für die Abendshow vorbereitet, und es bleiben nur noch einige Näharbeiten. Die Zeit ist knapp, also wird getackert ...

Nach weiteren spannenden Aufgaben wie Perücken frisieren, Spiegel putzen, Staubsaugen und Pinselwaschen beschließen wir, uns noch etwas an die Poolbar

zu setzen. Natürlich kommt auch schon der erste Kollege mit dem Spruch: „Euch sieht man ja auch nur an der Poolbar rumhängen ..."
Abends endlich eine halbe Stunde Pause zum Duschen. Danach muss ich das heutige Standbild vor dem Restaurant vorbereiten, eine Aktion vor dem Restaurant, bei dem die Animateure mottogetreu verkleidet 30 Minuten lang in einer Position verharren. Die Dekorateure haben natürlich wieder die Hälfte vergessen, also suche ich noch schnell die letzten Teile der Deko selbst zusammen. Glücklicherweise ist heute ein Bewegungsstandbild, also dürfen wir zum Motto "Western", zur "Melodie des Todes" essen, trinken und rauchen. Jan kommt wie immer viel zu spät, und ich telefoniere gerade dem Tennislehrer hinterher, der vergessen hat, dass er eingeteilt ist. Zu allem Überfluss bleibt nun auch nochmals die Standbild-CD hängen und die Tonkabine ist abgeschlossen, so dass ich keine neue organisieren kann. Kurz vor einem Nervenzusammenbruch biegt Mr. Clubchef um die Ecke mit dem Spruch: "Könnt Ihr nicht einmal pünktlich sein?" Daraufhin steigt auch noch der Wein sofort in den Kopf und nach dem dritten Glas wird die geplante Westernszenerie zur Komödie. Alle haben Spaß, abgesehen von der Teammanagerin, die wenig begeistert dreinschaut.

Morgen muss ich zwei Stunden am Kochstand stehen. Abgesehen davon, dass ich danach nur noch 10 Minuten zum Essen habe und selbst herrliche Kochgerüche verbreite, ist das für mich ganz okay.

Kurz vor neun ist Showtreff in der Requisite. Nach einem Schnelldurchlauf im Restaurant ist der Hunger gestillt, und schon geht's in die Maske. Die ersten Animateure zeigen sich gereizt, weil die Kostüme nicht sauber sind, Brigitte geht auf mich los, weil ihre Bluse nicht gebügelt ist, und Thomas findet wiedermal seine Perücke nicht. Ich flitze hin und her, schaffe es aber trotzdem, mich rechtzeitig zur Show umzuziehen. Gut, dass ich schon geschminkt bin.

Die Show ist die reinste Katastrophe; jeder macht Fehler, Tänze sind nicht perfekt, Sprechrollen zu leise und manche Animateur finden sich besonders witzig und meinen, sich ständig mit improvisierten Witzen übertrumpfen zu müssen. Die Gäste haben glücklicherweise nichts bemerkt und zeigen sich applausfreudig. Moni hyperventiliert – kein Wunder bei 60 Grad Celsius auf der Bühne, unter den Scheinwerfern und vier Tanznummern hintereinander ...

Nach der Show müssen alle zum Gästekontakt an die Bar – im Kostüm, versteht sich. Für die Abendanimation heißt es: Pinsel waschen, Kostüme aufräumen und bereits die Dekoration in der Diskothek überprüfen, weil dort ein Mottoabend – Oldie-Nacht – mit einer Showeinlage um Mitternacht stattfindet – also raus aus dem Showkostüm und rein in die Schlaghosen.

Heute müssen wir auch noch die neuen Showprogramme im Restaurant verteilen. Also los geht's mit Falten, Knicken, Aufstellen, so an die 200 Mal ...

Kurz nach halb eins ist das Latenight-Special vorbei, Kostüme weg, Deko abgebaut, Musik zurückgebracht, abgeschminkt – als wir uns endlich mal an die Bar setzen, um etwas zu trinken. Kaum Luft geholt, werden wir auch schon von den ersten männlichen Gästen in Beschlag genommen. Ich muss erstmal ausatmen ...

Nach der Anwesenheitspflicht verzichten wir heute auf eine Partynacht in der Disco, und ich falle um 2 Uhr völlig fertig ins Bett, wo ich in Gedanken bereits den nächsten Tag durchgehe.

Freizeit? Vergessen!

Die 38-Stunden-Woche ist gegen die Arbeitszeiten in einem Urlaubsclub die reinste Erholung. Mit einem 14- bis 16-Stundentag ist in den Urlaubsclubs zu rechnen. Nicht mehr als ein freier Tag pro Woche, oder sogar nur ein halber, steht zur Verfügung. Auch Feiertage sowie das Wochenende sind ganz normale Arbeitstage. Die kurzen Pausenzeiten tagsüber sind oft mit Proben für Abendshows oder Meetings vollgepackt.

Abendfreizeiten (zw. Dienstende spätnachmittags bis Beginn des Abendprogramms) werden mit Kochdiensten, Standbildern und Restaurantaktionen gefüllt. Jeder Animateur muss mindestens einmal in der Woche an einer solchen Aktion teilnehmen. Jedenfalls lernt man, wie man sich innerhalb von 15 Minuten vom stinkigen Sportdress in den Schwarz-Weiß-Gala-Look zwängt. Mit Duschen, Haarewaschen und Make-up! Es gibt immer auch positive Seiten ...

Ehrlich gesagt bleibt nebenher wenig Zeit zum Entspannen. Die zahlreichen Spitzenangebote an Sport, Wellness, und Beautyprogrammen sind zwar sehr reizvoll, aber es hat wohl kaum ein Animateur Zeit, sie zu nutzen – außer am freien Tag natürlich.

Der große Traum von Freiheit zerbröckelt spätestens dann, wenn man merkt, dass man den Club aufgrund der knappen Pausenzeiten kaum verlassen kann. Aber auch dazu gibt es wiederum den freien Tag ...

Wer also glaubt, sich in jeder Mittagspause am Strand entspannen zu können, liegt völlig falsch! Hin und wieder hat man aber auch mal Zeit, das Meer zu genießen. Abgesehen davon ist es verdammt erholsam, mal für kurze Zeit der Sonne zu entrinnen.

Dafür geht dann der Betriebsausflug mit einer schönen Jacht und dem Animationsteam in eine einsame Bucht. Außerdem: Zeit für ein kleines Tässchen Kaffee ist immer mal zwischendrin!

Tabu: schlechte Laune

Ein Animateur hat keine Probleme. Zumindest nicht nach außen hin! Das klingt hart, ist aber eben nun mal die Wirklichkeit. Was vor den Kulissen so unbeschwert und leicht aussieht, ist für die Animateure manchmal wirklich nicht einfach.

Wie jeder normale Mensch hat auch ein Animateur mal einen Kater oder eben einen schlechten Tag. Dauerstress, ständiges Belustigen der Gäste, zahlreiche Spiel- und Sportaktionen, Shows und vieles mehr begleiten ihn jeden Tag. Da ist es schon anstrengend, nach außen hin stets Unbeschwertheit und gute Laune zu verbreiten.

Der Animateur ist Kummerkasten und Schuttabladeplatz für viele Gäste, denn bei ihm werden sie alles abladen: Scheidungsdramen, Ehekrisen, Schulden, Betrug ... und das Wichtigste: der Gast ist zum Urlaubmachen da, und nicht, um sich die Probleme eines depressiven Animateurs anzuhören.

Die wenigsten interessiert es, was sich hinter Deinem Lächeln verbirgt. Wenn es mal gar nicht mehr geht, dann verschwinde doch für 10 Minuten auf dem Klo oder lass Dir von Deinen Kollegen einen Witz erzählen ...

Natürlich fällt es manchmal wirklich schwer, zum Beispiel morgens gleich nach dem Aufstehen: Verpennt hetzt man zur ersten Probe, der Kopf tut weh, und man fühlt sich wieder einmal völlig durch die Mangel gedreht. In dem Zustand soll man auch noch nett lächelnd für jeden Gast einen witzigen Spruch auf den Lippen haben.

Das Verrückte ist, dass es trotzdem funktioniert. Wer von Natur aus kein fröhlicher Mensch ist, der sollte bestimmt kein Animateur werden, denn nur wer über sich selbst lachen kann, hält diesen Zustand eine Weile durch.

Auch *Mike* erzählt: „Man gewöhnt sich sehr schnell an den Tagesablauf, an die Sonne und an meist gutgelaunte Gäste. Eine optimistische Grundeinstellung und „von Haus aus eher gute Laune haben" erleichtert dies ungemein. Wer hätte denn gern einen Animateur mit schlechter Laune! Gute Laune lautete IMMER das oberste Gebot, ist jetzt aber auch nicht besonders erwähnenswert, und auch nicht unter die Punkte „dies strengt ungemein an" einzuordnen."

Privatsphäre und Herzflattern

Stundenlange Shoppingtouren nach Feierabend, ein Plausch mit der besten Freundin im Lieblingscafé, Dauertelefonate mit dem besten Kumpel ... die Seifenblase zerplatzt. Man ist plötzlich in einer anderen Welt, wo für Gefühle und echte Freundschaften nicht mehr viel Platz bleibt.

Kleine Heimwehanfälle haben schon manchem Animateur Telefonrechnungen von vielen Hundert Euro beschert – also aufpassen!

Jede Woche kommen und gehen Hunderte von Gästen, und die Situation ist nicht immer leicht. Ein Spruch besagt, dass Freunde im Leben kommen und gehen wie Kellner in einem Restaurant: vor dem Animateurjob hält man so etwas eigentlich nicht für möglich.

Wie oft wirft es einen völlig aus der Bahn, wenn man sich mal wieder leichtsinnig in einen Gastanimateur oder Gast verliebt hat.

Viele Kollegen konnte man wirklich dafür hassen, wie abgebrüht und gefühlskalt sie in der Abreisehalle standen und immer wieder den selben Spruch runterleierten: "Pass auf Dich auf, Kleines" oder "Du bist echt was Besonderes ..." Das Schlimmste ist: wenn man sich eines Tages selbst diesen Spruch sagen hört – dann weiß man, dass es Zeit ist, mit der Animation aufzuhören. Irgendwann erkennt man den Unterschied zwischen oberflächlichem und richtigem Freund nicht mehr, weil man sich unbewusst von den Menschen distanziert. Aber ohne Mauer um sich herum geht man schnell kaputt. Das Tröstende ist, zu erkennen, dass es vielen anderen Animateuren genauso geht wie einem selbst, also heul Dich ruhig aus!

Der Unterschied zwischen Animation und einem normalen Job wird hier besonders deutlich: während man in einem geregelten Arbeitsverhältnis auch seinem Privatleben nachgehen kann, seinen eigenen Freundeskreis hat und nach Feierabend die Türe hinter sich schließt, muss man hier mit seinen Kollegen nicht nur arbeiten, sondern auch zusammenleben. Persönliche Probleme wirken sich natürlich sofort auf die Kooperation tagsüber aus. Der abendliche Streit mit dem Nachbarn kann einem bereits tags darauf zum Verhängnis werden.

Gerüchteküchen laufen heiß, hier und da gibt es die neuesten Infos über seine Kollegen. Mobbing ist eines der beliebtesten Spielchen untereinander. Schade nur, dass dadurch immer die netten Leute vergrault werden und die Intriganten bleiben ...

Glücklicherweise sind trotz ein paar wirklich miesen Ausnahmen immer noch genug nette Kollegen im Team. Man sollte sich jedoch Zeit nehmen, herauszufinden, wem zu trauen ist.

Eigentlich ist es überall so: Es wird eben viel geredet und jeder weiß alles über Dich, und noch viel mehr ...!

Übrigens: in manchen Clubanlagen kann man sogar Haustiere halten, dann bist Du nicht so einsam.

Was Beziehungskisten angeht, so gewinnt man in den Clubs wirklich den Eindruck, dass einige Animateure insgeheim miteinander wetteifern, wer die "Goldene Baggerschaufel" der Saison bekommt. Einige machen es sich tatsächlich zur Berufung, so viele Touristen oder Touristinnen wie möglich zu beglücken. Denn welche Urlauberin kann schon der netten Mischung aus Draufgänger, Charmeur und gutem Kumpel widerstehen? Natürlich fliegen die weiblichen Gäste reihenweise auf die jungen knackigen Animateure, und auch Animateurinnen sind heiß begehrt. Unter den Animateuren wird offen über die Erlebnisse der letzten Nacht gesprochen; man prahlt und amüsiert sich, wobei die Opfer nicht immer gut dabei wegkommen. Manche dieser unglückseligen "Matratzengefährten" kommen vom Regen in die Traufe, wenn sie eines Tages wieder vor ihrem Favoriten stehen, und er nicht mal mehr ihren Namen weiß. Im Prinzip muss man sich nichts vormachen: es ist doch überall so, nicht nur in irgendwelchen Urlaubsclubs.

Die Animateure versuchen sich über die langen Monate eben auch hin und wieder abzulenken. Zudem ist Widerstand bei den zahlreichen Angeboten oftmals wirklich schwer. Sicherlich gibt es in jedem Club den einen oder anderen Abzocker, aber die meisten sind doch selbst Schuld, wenn sie darauf hereinfallen.

Allen Gerüchten zum Trotz gibt es in einer Animationscrew mehr Beziehungen innerhalb des Teams als zwischen Team und Touristen. Denn kein Animateur hat auf Dauer Lust auf ewige Geschichten für eine Nacht und ständig wechselnde Affären. Überdies ist es nicht besonders ratsam, sich in einen Gast zu verlieben, da dieser leider selten länger als zwei Wochen bleibt, was nur Liebeskummer und Tränen bedeutet. Gerade in diesem Job braucht man oft jemanden, an den man sich anlehnen kann und mit dem man über viele Dinge sprechen kann. Da dafür von vornherein sowieso keine Gäste in Frage kommen, bleiben für etwas ernsthaftere Beziehungen wohl nur die eigenen Kollegen. Manchmal sind es einfach nur "Notgemeinschaften", um nicht die ganze Saison allein zu bleiben. Vielleicht trifft man aber tatsächlich die große Liebe – wer weiß?

Umgang mit Alkohol und Drogen

Vielleicht ist es etwas übertrieben zu behaupten, dass in einem Urlaubsclub auf längere Sicht der Griff zur Flasche schnell erreicht sein kann; allerdings kann gerade Alkohol in diesem Beruf ein ziemliches Problem darstellen. Während der Urlauber seine zwei Wochen trinkfest feiert, muss der Animateur im Gegensatz dazu mehrere Monate durchhalten. Frühschoppen, Bierfeste, Happy Hour an der Poolbar und lustige Saufspiele; da kommt schon so einiges zusammen.

Es wird zwar niemand gezwungen, Alkohol zu trinken, aber welcher Gast lässt sich schon von einem Sprudel trinkenden Animateur zur nächsten Weinrunde animieren? Außerdem wird man doch ständig zu einem Gläschen eingeladen, und es ist doch soviel einfacher, etwas beschwipst einen Witz zu erzählen, als völlig nüchtern.

Bereits beim Mittagessen gibt's den ersten Tischwein, danach sitzt man an der Poolbar, und abends winken Aktionen und die Diskothek ...

Also aufpassen mit übermäßigem Alkoholkonsum, denn am nächsten Morgen hat man wieder frisch im Meeting sitzen, während der Gast hingegen ausschlafen kann. Auch wenn das Feiern immer großen Spaß macht: irgendwann ist die Bremse zu ziehen!

Das Thema Drogen gibt es wohl überall. Wer sich dabei erwischen lässt, ist auch im Club schneller draußen, als gedacht! Überdies sollte man bei dem Stress lieber an seine Kondition denken als daran, sich mit irgendwelchem Zeug vollzu-

pumpen. Wer nur durch sogenannte Hilfsmittel ein ständiges Lachen hervor-bringt, bleibebesser gleich zu Hause.
Achtung: In manchen Ländern gelten so strenge Drogengesetze, dass man Ge-fahr läuft, womöglich einen guten Teil seines jungen Lebens hinter Gittern zu verbringen.

Haftung

Eltern haften für ihre Kinder? Was bei Baustellen, Gebäuden und sonstigen öf-fentlichen Plätzen so gut funktioniert, lässt sich – bedingt – auch auf den Anima-tionsalltag übertragen: Veranstalter haften für ihre Animateure. Meist. Es kommt natürlich immer auf die einzelne Situation an, und auf verschiedene Faktoren, z.B. *Hat der Mitarbeiter seine Pflichten verletzt? Hat der Arbeitgeber seine Für-sorgepflicht verletzt? Waren die Geräte defekt? War die Hotelanlage mangel-haft? Hat sich der Gast unkorrekt verhalten?*

Auf die Frage, ob der Geschädigte in jedem Verletzungsfall Anspruch auf Schadenersatz oder Schmerzensgeld hat, lässt sich keine pauschale Antwort ge-ben. Es gab in der Vergangenheit aber einige Fälle mit Verletzungen während einer Animationsveranstaltung, zu denen Urteile erlassen wurden.

Im Schadensfall haftet in der Regel der Veranstalter, nur selten der Verursa-cher direkt. So geschehen bei einem Fall, der bis vor das Oberlandesgericht in Karlsruhe kam: Ein Urlauber hatte sich bei einer Animationsveranstaltung ver-letzt, bei der die Gäste dazu aufgefordert wurden, an einer flachen Stelle in den Hotelpool zu springen. Der Urlauber verklagte den Veranstalter; dieser habe nicht ausreichend für die Sicherheit der Teilnehmer gesorgt und müsse dafür haften. Der Veranstalter wies die Klage ab, da die Animation nicht von ihm selbst, sondern von einer Fremdfirma durchgeführt wurde. Das Oberlandesge-richt entschied jedoch anders: Die Verantwortung für Sicherheit und Ungefähr-lichkeit der jeweiligen von einem Veranstalter angebotenen Reiseveranstaltun-gen liege auch dann bei ihm, wenn die Animation von einem „fremden" Anima-tionsteam durchgeführt wird, da die Leistung als eigene angeboten werde. Es sei Pflicht des Reiseveranstalters, Sicherheitsvorkehrungen zu treffen, um die an den Animationsveranstaltungen teilnehmenden Gästen vor Schaden zu bewahren. Dazu gehöre auch die sorgfältige Auswahl und evtl. Schulung der Animateure. (Urteil vom 18.06.2003, Aktenzeichen 7 U 221/02)

Zu einem anderen Urteil kam es im Fall einer Vierjährigen, die sich in einer von Animateuren betreuten Kinderspielgruppe den Arm brach. Die Eltern klag-ten auf Schadenersatz und Schmerzensgeld. Die Klage wurde aber vom Amtsge-richt Hannover abgewiesen (Aktenzeichen 554 C 10825/06), da die Kinderbe-treuung durch Animateure nicht zwangsläufig zu Ansprüchen gegen den Veran-stalter führe. Zwar könne davon ausgegangen werden, dass das Kind „nicht kon-kret mit Aufmerksamkeit durch die Animateure bedacht wurde", als es sich verletzte. Daraus ließe sich aber nicht unbedingt schließen, dass der Veranstalter seine Pflichten bei der Auswahl des Personals verletzt habe. Eine einmalige Unachtsamkeit lasse nicht auf ein ständiges Fehlverhalten der Animateure schließen, so das Gericht. Außerdem hätte es auch zu einem Unfall kommen können, wenn das Mädchen von den Eltern selber beaufsichtigt worden wäre.

In einem weiteren Fall wurde eine Urlauberin während einer Abendveranstaltung in einer Wettshow durch einen spitzen Damenschuh am Kopf verletzt, der auf die Bühne geworfen wurde, nachdem eine Animateurin eine andere Urlauberin aufgefordert hatte, in zwei Minuten sechzig Schuhe zu sammeln. Es wurde eine Gehirnerschütterung diagnostiziert, deren Symptome zwar zunächst abklangen, die aber dennoch einen bleibenden Schaden nach sich zu ziehen schien. Monate später wurden bei der Frau Kopfschmerzen sowie Sprach- und Konzentrationsstörungen festgestellt, wobei die hinzugezogenen Ärzte ein Schädel-Hirntrauma mit Einblutung diagnostizierten, offenbar eine Folge des Schuh-Treffers. Die Frau verklagte den Veranstalter daraufhin und hatte damit beim Oberlandesgericht Celle auch Erfolg, nachdem der Fall in erster Instanz zunächst abgewiesen war. Das Gericht sah die unterlassene Warnung der betreffenden Animateurin, die Schuhe nicht zu werfen, als „Reisemangel" an; die Animateurin habe die „erforderliche Sorgfalt außer Acht gelassen und somit fahrlässig gehandelt". Rechtlich ist ein Animateur in so einem Fall als „Erfüllungsgehilfe" des Reiseveranstalters zu behandeln. Laut BGB kann „die Beeinträchtigung, die ein Reisender durch eine Verletzung der Verkehrssicherungspflicht des Reiseveranstalters erleidet, [...] einen Reisemangel darstellen".

Der Fall kam dann bis vor den BGH, der urteilte, dass es nicht erwiesen sei, dass die Krankheit der Frau tatsächlich durch den Schuh-Treffer verursacht wurde. Nun wird der Fall mithilfe eines Gutachtens durch einen Sachverständigen erneut verhandelt. (Aktenzeichen X ZR 87/06)
Die Moral von der Geschicht? Vernachlässige deine Aufsichtspflicht nicht! Niemand kann stets gegen alles gewappnet sein und jede mögliche Gefahr voraussehen, aber als Animateur sollte man dicht dran sein. Das Werfen mit spitzen oder harten Gegenständen, riskante Tauchmanöver u. Ä. sollten in jedem Fall unterbleiben.

Gäste – nette und lästige

Immer wieder mal bedauert man heftig, Animateur geworden zu sein, während man sich in anderen Momenten wieder nichts Besseres vorstellen kann. Der Posten steht und fällt natürlich nicht nur damit, wie die Stimmung in der Animationscrew ist, sondern hängt auch viel vom Gästeverhalten ab. Trotz allem sind grundsätzlich alle Gäste gleich zu behandeln, damit sich niemand benachteiligt fühlt. Übliche Fragen der Gäste wie: "Wie lange machst Du das schon?", "Was willst Du denn danach machen?" oder "Was hast Du vorher gemacht?" sind zwar nervend, jedoch kann man sich mit der Zeit die passenden Antworten zurechtlegen. Fertige doch einfach ein T-Shirt mit all diesen Informationen zu Deiner Person an.

Im Laufe der Jahre lernt man allerhand verschiedene Gästetypen kennen, so dass hier die typischsten aufgeführt werden:

Der Nörgler

Er ist grundsätzlich völlig mies drauf und wartet nur darauf, Dir eins auszuwischen. Wenn er erstmal eine Schwäche an Dir erkannt hat, freut er sich und stochert immer weiter. Natürlich will er Dir auch unbedingt zeigen, dass er von gewissen Dingen viel mehr Ahnung hat als Du. Er braucht einfach den passenden Partner, um seine schlechte Laune daran auszulassen. Er biedert sich den ganzen Tag an und zeigt überhaupt keine Lust zur Teilzunahme an irgendeinem Animationsprogramm. Eigentlich wartet er ja insgeheim nur darauf, von Dir angesprochen zu werden, um seine ablehnende Haltung und sein Desinteresse nochmals deutlich zu betonen. Ständig ist er auf der Suche nach Fehlern, um sich irgendwo schnell beschweren zu können. Er freut sich richtig darüber, wenn er wieder einmal etwas zu reklamieren hat. Er hat wirklich an allem etwas auszusetzen. Dauernd kommen Sprüche wie: "In anderen Clubs war alles anders und natürlich viel besser". Dass er dort dasselbe von sich gegeben hat, weiß ja niemand. Nörgeln ist nunmal sein Hobby; außerdem sieht er überall Betrug und fühlt sich hintergangen.

Fazit: gelassen bleiben, Streitgespräch vermeiden und mit einem gelassenen "Ich verstehe Sie sehr gut" abblocken.

Dummerweise muss gerade diesem Gästetyp besonders Beachtung geschenkt werden, auch wenn es schwerfällt! Wenn sich der Nörgler übergangen und nicht beachtet fühlt, wird er versuchen, Dir überall Fallen zu stellen und Dich von oben herab zu behandeln. Er sucht stets Gleichgesinnte, die er aufhetzt und um sich schart. Setze Dich trotz allem hin und wieder an einen Nörglertisch. Während Du versuchst, die Gruppe aufzuheitern, kannst Du Dich insgeheim über sie lustig machen – sie werden es nicht einmal merken.

Glücklicherweise wird Dir dieser äußerst unangenehme Zeitgenosse recht selten über den Weg laufen, denn selbst der unsympathischste Gast ist im Urlaub relativ entspannt.

Der Besserwisser

Er weiß alles besser, kann alles besser und meint, grundsätzlich im Mittelpunkt jeder Gesellschaft stehen zu müssen. Da er meist ein ausgezeichnetes Fachwissen besitzt, versucht er gekonnt, alle anderen auszuspielen. Natürlich will er Dir auch unbedingt zeigen, dass er von gewissen Dingen viel mehr Ahnung hat als Du, schließlich bist Du ja nur der kleine Animateur. Er hat überall und zu jedem Anlass eine wahnsinnig tolle Geschichte parat und erzählt von Gott und der Welt.

Fazit: Denk Dir Deinen Teil und bleib locker. Nutze sein Showmangehabe, indem Du ihn an der Poolbar den Animateur spielen lässt und trinke in der Zeit einen Cappuccino. Stelle ihn ferner als nächsten Kandidaten für die neue Quizshow am Pool auf und nimm die übelsten Fragen, die nicht einmal Dein Universitätsprofessor beantworten kann.

Auch wenn die Hälfte seiner "Abenteuer" erfunden ist, bewundere ihn trotzdem für seine tollkühnen Berichte und höre ihm einfach zu. Da er ständig nur am Plaudern ist, kannst Du Dich getrost eine halbe Stunde dazugesellen und ihn labern lassen – er wird es gar nicht wahrnehmen, wenn Du in dieser Zeit einfach relaxt und Deine Ohren auf Durchzug stellst. Nicht vergessen, alle paar Minuten ein "Wahnsinn", "Echt"?" oder ein "Super" einzuwerfen!

Der Verklemmte und Schüchtere

Völlig schüchtern sitzt der Verklemmte einsam an der Poolbar und traut sich nicht einmal, Dich anzuschauen. Bei jeder Frage wird er rot und ist sehr distanziert. Wahrscheinlich stottert er völlig verwirrt irgendetwas vor sich hin.

Wenn dieser Typ das Restaurant betritt, verweilt er meist zögernd und unentschlossen. Aus Angst, unwillkommen zu sein, sucht er sich einen leeren Tisch. Insgeheim hofft er jedoch auf Gesellschaft, denn aus diesem Grund hat er schließlich Cluburlaub gebucht. Spricht man ihn an, schreckt er zusammen, ist aber meist freundlich und freut sich, auch mal beachtet zu werden. Fazit: Eine ganz bestimmte Sorte. Taste Dich vorsichtig an ihn heran und trinke erstmal ein Bier mit ihm, so dass er dann etwas lockerer wird. Lade ihn zum Singletreff an der Bar ein und mache gekonnt seine Stärken ausfindig. Wenn er beim Schachturnier erstmal der strahlende Sieger ist, hat er plötzlich ein völlig anderes Selbstbewusstsein und wird Dir ewig dafür danken. Im Großen und Ganzen ist er ein angenehmer Gast, der schon mit einem Lächeln von Dir zufrieden ist.

Der Neugierige

Er zählt zur gefährlichsten Spezies unter den Gästen! Gekonnt fragt er Dich über die Privatsphäre Deiner Kollegen, Firmeninterna und Tabuthemen aus. Er will grundsätzlich alles wissen und versucht, überall seine Informationen herauszuquetschen. Den ganzen Urlaub lang beschäftigt ihn nichts brennender als die Frage, wer mit wem, was, warum und wieso.

Mit Fangfragen wie: "Sowieso hat mir ja bereits erzählt, dass ..." oder "Ich weiß ja, dass Du nicht darüber sprechen darfst, aber ich habe gehört, dass ..." versucht er Dich auszuhorchen, um das Neuerfahrene im nächsten Moment wieder auszuplaudern. Dieser Gästetyp meint, über alles und jeden genau im Bilde zu sein. Er fragt Dich natürlich auch, wie viel Du verdienst und ob Du damit zufrieden bist. Da hilft nur die freche Gegenfrage.

Fazit: Vielleicht arbeitet er für die Bildzeitung, oder er ist ein Freund vom Clubchef, der testen möchte, was Du so alles erzählst. Wahrscheinlich ist es auch einfach nur ein ganz harmloser Urlauber, der eben gerne alles weiß. In jedem Fall gilt: Vorsicht ist die Mutter der Porzellankiste! Erscheint ein Gast auch noch so vertrauenerweckend, so sollte man es sich tunlichst verkneifen, über Interna zu plaudern, denn am nächsten Tag weiß es vielleicht schon der ganze Club. Erzähl ihm, wie wunderbar alles sei, und was für eine tolle homogene Gruppe ihr seid. Schnell wird er das Interesse daran verlieren, Dich auszuquetschen.

Der Schleimer

Er erzählt Dir von früh bis spät, wie sehr er Deine Arbeit bewundert und findet es so toll, wie Du alles durchhältst. Dieser Gästetyp würde so unglaublich gerne auch mit dazugehören und mitreden können. Mit dieser "Schmeißfliegen"-Mentalität schafft er es, Dich an allen nur erdenklichen Orten aufzuspüren. Sprüche wie: "Was vergeudet denn so ein Typ wie Du seine Zeit in einem Club? Du hast doch bestimmt noch ganz andere Qualitäten ..." zählen zu seinem Standardrepertoire. Der Schleimer ist meist mittleren Alters und befindet sich mitten in seiner "Midlifecrisis". Am liebsten würde er Dich vom Fleck weg heiraten, wenn da nicht seine Frau wäre. Ähnlich wie der Neugierige ist auch er auf Hintergrundinfos aus, eifert Dir aber eher nach, als dass er Dich aushorchen will. Am Anreisetag hat er sich bereits in der Clubboutique ein T-Shirt in den Farben der Animationsuniform gekauft, um es den ganzen Urlaub lang stolz zu tragen. Ständig hält er sich nur bei der Animation auf, um allen anderen Gästen zu beweisen, dass er ihnen längst einen Schritt voraus ist. Allerdings kann er Dich in gewissen Dingen vielleicht sogar unterstützen: beim langweiligen Pinselwaschen, oder beim Aufbau des Volleyballnetzes?!

Fazit: Anstrengend, aber harmlos, nur schwer wird man solche Typen los. Ab und zu kann man sich von netten Kollegen erlösen lassen, die einen ans Telefon rufen oder plötzlich etwas verdammt Wichtiges zu besprechen haben. Durch ein paar geschickte Tricks ist diese Nervensäge dann wenigstens auf ein paar Minuten loszukriegen. Falls jemand doch zudringlich wird, Dein Knie tätschelt und Dir beim Erzählen auf die Pelle rückt, so weise ihn höflich in seine Schranken.

Tipp: Versuche immer noch weitere Gäste in ein Gespräch mit dem Schleimer einzubeziehen, um nach kurzer Zeit einen unauffälligen Rückzug antreten zu können.

Der Aufreißer

Ekelhafter Zeitgenosse! Er glaubt, unwiderstehlich, gut aussehend, attraktiv und supersexy zu sein – wahrscheinlich hat er eine fette Wampe, üblen Mundgeruch und abgekaute Fingernägel ... Der Aufreißer steckt Dir geheimnisvoll ein Zettelchen mit seiner Zimmernummer zu, oder er winkt beim Abendessen mit seinem Zimmerschlüssel. Wahrscheinlich lässt er keine Gelegenheit aus, Dich dumm anzumachen oder irgendwelche versauten Witze zu erzählen. Ihm ist nur eines wichtig: Dich irgendwie ins Bett zu kriegen, egal wie! Er gehört sicherlich zu den Gestalten, die immer noch nicht kapiert haben, dass Animation nichts mit Prostitution zu tun hat. Du solltest Dir nicht alles gefallen lassen, nur weil Du Animateur bist! Es gibt übrigens nur zwei Hauptarten von Aufreißern: die Supermachos und die Supersofties. Während der eine versucht, Dich mit heldenhaften akrobatischen Muskelübungen zu überzeugen, wartet der andere bereits mit seinem klebrigen Rosenstrauß vor Deiner Zimmertür – woher er Deine Nummer weiß? Irgendein Miststück hat geplaudert ...

Fazit: Während er seinen Urlaub mit dem Versuch verbringt, Dich rum zu kriegen, solltest Du schon längst Meldung beim Clubchef sowie Teammanager gemacht haben. Denn falls er auch noch anfängt zu grabschen, kannst Du ihn getrost abblitzen lassen. Melde ihn am besten unauffällig bei der nächsten großen Single-Herzblatt-Aktion an. Danach ist er wahrscheinlich geheilt.

Der Kumpel

Kommen wir nun also endlich zur nettesten Touristengruppe. Er ist ein lieber Kerl, stets gutgelaunt, aufgeschlossen und sympathisch. Er freut sich einfach, endlich seine zwei Wochen Urlaub in einem schönen Club mit interessanten Leuten zu verbringen. Er genießt jeden Tag und jedes Animationsprogramm, lobt Deine Kreativität und freut sich über die gelungenen Bühnenshows. Er ist bei jeder Aktion gerne dabei, und das Essen schmeckt ihm hervorragend – er wird bestimmt bald wieder seinen Urlaub bei Euch verbringen, weil es ihm so gut gefallen hat.

Fazit: Dieser Gästetyp verbreitet gute Laune unter den Gästen und manchmal fragst Du Dich, wer von Euch beiden eigentlich der Animateur ist. Solltest Du gerade keinen Programmpunkt haben, bist Du bei ihm bestens aufgehoben, denn er hat immer einen lustigen Spruch auf den Lippen. Dieser Gästetyp ist einfach herrlich ausgeglichen und deshalb auch rundum zufrieden. Mit ihm kannst Du getrost den Abend an der Poolbar hocken, ohne Dir irgendwelchen Stress zu machen. Er ist ein richtiger Kumpel, den Du eigentlich gar nicht mehr gehen lassen möchtest. Nachts in der Disco ist er nicht totzukriegen, während Du schon längst "in den Seilen hängst".

Leider gibt es solche Gäste viel zu selten: neben ihn würdest Du Dich sogar in Deiner Mittagspause an den Strand legen.

Die meisten Gäste sind gemischte Typen, das heißt, dass sie Eigenschaften vereinen, die aus mehreren Gästetypen stammen (Besserwisser, Nörgler, Kumpel, etc.). Wichtig ist, alle in der Gruppe gleich zu behandeln, so dass sich niemand benachteiligt fühlt. Man sollte geduldig sein und sich schnell auf verschiedene Menschen einstellen können.

Die Zufriedenheit des Gastes hängt zu einem erheblichen Maß von den Bemühungen ab, den Gast auch als solchen zu behandeln, das heißt, der Spruch "Der Kunde ist König" bezieht sich hier auf den Gast in jeder Situation. Das setzt vor allem eine optimale Betreuungsleistung voraus. Als Animateur hat man die Aufgabe, Kontakt zum Gast herzustellen, und ihn zur Aktion zu motivieren. Man hat eine Beraterfunktion. Vor dem Gast sollte man stets glaubwürdig erscheinen und jedem das Gefühl der Akzeptanz geben.

Da der Gast mit Cluburlaub gleichzeitig auch Aktivurlaub gebucht hat, muss man ihn zu Aktivitäten anspornen und ermutigen. Sei herzlich und aufmunternd, und gewähre jedem eine freundliche Aufnahme zur Gruppe. Wenn Gäste allerdings Ruhe wünschen, so ist das ebenso zu akzeptieren.

Menschen sind verschieden ...

Von seinen Erfahrungen mit Gästen berichtet *Oliver*, der es sich auch nicht nehmen ließ, verschiedene Typen zu identifizieren:

„Dass man als Animateur einen besonderen Status genießt und auf einige Gäste eine besondere Anziehungskraft ausübt, wurde mir anfangs nicht wirklich bewusst. Eigentlich war ich sogar etwas enttäuscht, dass so gar keines der Klischees passen wollte (Party, Frauen, Freizeit) ... Bis zu einem Abend, der mir wohl in ewiger Erinnerung bleiben wird. Es war ein Tanzabend, das heißt, wir haben Musik für die Gäste aufgelegt, zu der sie tanzen konnten. Natürlich mussten wir auch dazu auffordern. Ich hatte mich gerade etwas aus dem Getümmel entfernt, um kurz zu verschnaufen, als mir eine angetrunkene Mitvierziger-Dame auf die Schulter klopfte und mich nach irgendeinem Musiktitel fragte, dessen Namen sie aber auch nicht wirklich kannte. Nachdem ich ihr sagte, dass wir das Stück leider nicht hätten und ich auch nicht wusste, welchen Titel sie meine, verlangte sie eine Entschuldigung von mir. Ich machte den großen Fehler zu fragen, wie diese „Entschuldigung" denn aussehen sollte. Sie antwortete *Na, du bist doch Animateur, dann verhalte Dich doch auch so!"* Ich habe aber nix geschnallt und fragte, was ich tun solle. Sie drückte mich dann gegen die Wand und versuchte, mich auf den Mund zu küssen und mich in Richtung unserer Requisite zu schieben. Geschockt von dieser Attacke wusste ich im ersten Moment erst mal nicht, was ich machen sollte, ich wusste nur, dass das, was diese Frau vorhatte, absolut nicht in meinem Sinne lag!

Also kämpfte ich mich sachte von ihr los und sagte, dass es uns nicht gestattet sei, etwas mit Gästen „anzufangen" Wenn ich heute darüber nachdenke, war das glaube ich der dämlichste Satz, den ich sagen konnte. Aber die Botschaft schien trotzdem angekommen zu sein, und sie ging von dannen. Am nächsten Tag fiel mir auf, dass besagte Frau mit ihrem Mann und zwei Kindern im Urlaub war! Sie hat mich während ihres gesamten Aufenthaltes nicht mehr angeschaut; wahrscheinlich war auch ihr die Situation zu peinlich. Es ist schon seltsam, wie sich erwachsene Menschen in ihrem Urlaub plötzlich wie Kinder aufführen, sei es wie in der beschriebenen Situation, oder auch bei anderen Gelegenheiten. Da wird dann nicht akzeptiert, dass Volleyball nach „Clubregeln" gespielt wird oder dass, wenn man eine halbe Stunde zu spät zum Programmpunkt kommt, man sich nicht einfach mit auf den Platz stellen kann. Der Umgang mit solchen Gästen ist nicht einfach, und man braucht gute Menschenkenntnis, um mit ihnen umgehen zu können. Meist sind gerade das die Gäste, die auf den Job als Animateur neidisch sind, die denken, man werde bezahlt für etwas, wofür sie selber viel Geld hingeblättert hatten. Gerade die Neuankömmlinge sind solche Kandidaten – die bekommen nicht wirklich viel vom Animateursleben mit. Es fällt halt nicht auf, dass in der animationsfreien Zeit geprobt oder die Deko vorbereitet wird, oder was auch immer zu tun ist.

Grundsätzlich gibt es drei Hauptgruppen, in die ich die Gäste eingeteilt habe:

Gruppe 1: Gäste, die alles mitmachen und Spaß an ihrem Urlaub haben, völlig unkompliziert.

Gruppe 2: Gäste, die ständig meckern und Regeln ändern wollen. Das Schlimmste an diesen Gästen ist, dass sie ständig versuchen, einen lustigen Spruch auf deine Kosten zu drücken.
Gruppe 3 Die stillen Gäste, hörste nicht, siehste nicht, fertig.

Natürlich gibt es auch in der Animation zwischenmenschliche Beziehungen, die sich aber erstaunlicherweise weniger im Bereich Gast – Animateur(in) zutragen, sondern zwischen Animateurin und Animateur ..."

Praktische Tipps

Nun wird man ja als Animateur in der ersten Saison ziemlich ins kalte Wasser geworfen und kommt oft erstmals mit verschiedenen, bis dahin unbekannten Bereichen in Berührung. Die folgenden Seiten sollen Hilfestellung für die ersten Schritte geben.

Show

There's no business like showbusiness – willkommen in der glitzernden Welt des Showbiz! Bei Musicals, Tanzshows und Sketchen hat jeder die Gelegenheit, sein Talent als Sänger, Tänzer und Schauspieler zu erproben. Wer weiß, vielleicht sind das die Anfänge einer großen Karriere?

Mit Lampenfieber haben auch die größten Stars zu kämpfen – so wird man davon wahrscheinlich auch nicht verschont werden. Meist fühlt man sich schon bei den Proben etwas unwohl, wenn man gerade erst in eine Rolle schlüpft, während alle anderen schon Routine haben. Wenn man dann auch noch der Grund ist, warum ein Tanz zum vierten und fünften Mal geprobt wird, möchte man am liebsten im Erdboden verschwinden. Aber: jeder fängt mal an und braucht Zeit; auch alle anderen, die ihre Rollen mittlerweile im Schlaf können. Also heißt es: proben, proben, proben! Mit der Zeit kommt die Routine, und dann weicht der Großteil des Lampenfiebers ganz von selbst den Überlegungen, welche Mimik man für welche Rolle benutzt, wie man mit der Stimme spielt, etc. Gegen Ende der Saison muss man sich möglicherweise sogar bemühen, seiner Rolle noch genügend Aufregung einzuhauchen – wenn man sie zum fünfzigsten Mal spielt, ist halt irgendwann der Zauber verflogen. Aber es gehört auch hier zu den Aufgaben des Animateurs, dies den Zuschauer nicht spüren zu lassen.

Das Abendprogramm beginnt nach dem Abendessen (meist zwischen 20 und 21 Uhr) und wiederholt sich in der Regel alle zwei, drei Wochen; der Zeitraum, den die meisten Gäste maximal bleiben. Dabei gibt es im Wechsel Musicals, Sketche, Tanzshows, Quizshows, Comedy, Turniere, und und und. Zuweilen engagiert der Club auch Künstler von außerhalb, die Zaubershows, Varieté oder Nummern mit Papageien aufführen.

Manche Hotels bieten auch Vorabendprogramme an, und manchmal gibt es (natürlich von Animateuren) betreute Kinderessen, so dass die Eltern sich ungestört aufs Buffet stürzen können.

Startzeichen für die Show ist meist die Clubmusik, die ein paar Minuten gespielt wird, um Nachzügler zur Eile anzutreiben und dem Publikum anzuzeigen: Gleich geht's los! Nach der Show und der Verabschiedung durch den Moderator folgt meist der Clubtanz.

Moderation

Das erste Mal mit dem Mikrofon in der Hand vor hundert, zweihundert Leuten – eine Aussicht, die selbst dem großspurigsten Plappermaul weiche Knie beschert und einen Kloß in den Hals zaubert.

Was, wenn man sich verspricht? Wenn man rot wie eine Tomate wird, den Text vergisst, das Mikrofon fallen lässt? – Wie bei den meisten anderen Dingen auch heißt das Zauberwort hier Souveränität (und wenn sie nur gespielt ist). Das, und keine Angst davor zu haben, es am Anfang vielleicht nicht ganz so perfekt zu machen.

Wie aber spielt man Souveränität vor, sich selbst und den Zuschauern? Wichtig ist zunächst einmal ein fester Stand. Wer mit beiden Beinen fest auf dem Boden bzw. der Bühne steht, läuft weniger Gefahr, vor Nervosität „abzuheben". Am besten, man sucht sich eine Grundposition, in die man immer wieder zurückkehren kann. Das können die in Hüftweite auseinandergestellten Füße sein, oder eine ineinandergeschachtelte Stellung, bei der sich die Ferse des einen Fußes an den Fußinnenrand des anderen drückt. Jeder wird die für sich angenehmste Grundstellung rasch herausfinden.

Wichtig ist auch der Umgang mit dem Mikrofon. Da die meisten vorher noch keines in der Hand hatten, wird es oft unbeholfen angepackt – entweder zu zaghaft, oder in Gangsterrappermanier, bei der es mit der Faust gepackt, auf den Kopf gestellt vor dem Gesicht des Sprechenden auf- und abschwankt. Nicht unbedingt zu empfehlen – schließlich wollen die Zuschauer dem Sprecher ins Gesicht blicken. Am besten ist es daher, man fasst das Mikrofon mit der Hand wie eine Eistüte, so dass sich das obere Ende knapp unterhalb des Mundes befindet. Für zusätzlichen Halt kann man auch den Ellenbogen auf der Hüfte aufstützen. Auf diese Art wird die Akustik meist am besten aufgefangen. Wichtig: das Mikrofon „klebt" quasi am Kinn, d.h. dreht man den Kopf, dreht sich das Mikro mit – sonst ist die Stimme weg!

Sitzen Fuß- und Mikrostellung, kann man sich der Interaktion mit dem Publikum zuwenden. Manchmal ist die Bühnenbeleuchtung so hell, dass man nicht mehr als die ersten Reihen der Zuschauer sieht. Abgesehen vom positiven Nebeneffekt, dass man dann vielleicht nicht so nervös wird, sollte man unbeirrt nach vorne gucken. Gerade bei den ersten Vorstellungen ist es auch keine schlechte Idee, einen Trick anzuwenden, der ebenso bei Referaten und Vorträgen wirkt: statt direkt in die Augen der Zuschauer zu blicken, schaut man auf einen Punkt knapp oberhalb der Köpfe. Für das Publikum ist das nicht zu erkennen, und man selber wird nicht aus dem Konzept gebracht. Man sollte allerdings vermeiden, starr auf einen Punkt zu gucken, sondern den Blick immer wieder schweifen lassen.

Der Moderator bzw. derjenige mit dem Mikrofon stellt sich in die Mitte der Bühne und begrüßt seine Gäste erstmal. Man stellt zunächst sich mit Namen vor, dann den Programmablauf. Es ist hilfreich, den Text auswendig zu lernen – lieber am Anfang noch etwas steif klingen, als den Text komplett zu vergessen! Mit der Zeit klingt auch der auswendig gelernte Text natürlich. Improvisationen sollte man gerade zu Beginn unterlassen – und auch später sollte nur der improvisieren, der auch wirklich das Talent dazu besitzt. Es handelt sich schließlich nicht um eine Ego-Show des Animateurs, sondern um Unterhaltung für die Gäste. Diesen Grundsatz sollte man immer im Hinterkopf behalten, d.h. niemand sollte kompromittiert oder beleidigt werden, auch wenn Rache noch so süß wäre, sieht man erst mal den unsympathischen Gast vom Vortag in der ersten Reihe. Achtung auch bei der Lautstärke: nie ins Mikrofon schreien, lachen, husten oder niesen – jedes Geräusch wird schließlich um ein Vielfaches verstärkt.

Endet das Programm, werden alle Mitwirkenden mit Namen vorgestellt und erhalten ihren ganz eigenen Applaus. Auf keinen Fall sollte man „unoffizielle" Helfer vergessen, wie mitwirkende Gäste, Kellner oder den DJ. Jetzt ist auch ein guter Zeitpunkt, auf das morgige Programm zu verweisen. Ganz zum Schluss bedankt man sich für die Aufmerksamkeit und verabschiedet sich.

Tontechnik

Ohne technische Vorkenntnisse sicherlich ein respekteinflößender Bereich. Trotzdem: keine Scheu vor leichten DJ-Tätigkeiten! Hat man die Angst vor den großen Maschinen erstmal überwunden, ist hier letztlich auch alles nur Routine.

Also ran an die Anlage! Die besteht zumeist aus einem Mischpult, an das M und C Player, Kopfhörer, Boxen und Mikrofon angeschlossen sind. Diese PA-Anlagen (Public Address) sind teuer und empfindlich, und dementsprechend vorsichtig zu behandeln. Ganz wichtig ist es, die Geräte in der richtige Reihenfolge ein- bzw. auszuschalten. Ebenso essentiell: alle Regler müssen auf Null bzw. eben ganz unten sein, bevor man die Ein- und Aus-Schalter auch nur berührt.

Zunächst schaltet man der Reihe nach Sicherung, Mischpult, Verstärker, Equalizer, M, CPlayer, Mikrofonstation und Boxen ein. Ausgeschaltet wird dann in umgekehrter Reihenfolge. Die Schalter befinden sich je nach Marke und Gerät an unterschiedlichen Stellen. Beim Mischpult ist der Schalter oft auf der Rückseite, ebenso bei Verstärker und Equalizer. Wer ewig sucht, wird manchmal auch vorne fündig. Aktiv-Boxen mit zusätzlichem eingebautem Verstärker (erkennbar an eigenem Stromanschluss und zusätzlichen Drehknöpfen) haben auch einen eigenen Schalter. Die Schalter der M und CPlayer sind mit on/off oder 1/0 gekennzeichnet.

Ist man dann erstmal erfolgreicher Schalter-Verwalter, geht es zur Lichtanlage, deren Sicherungen gleichzeitig mit denen der Anlage einzuschalten sind, um einen elektrischen Impuls zu vermeiden, der sich durch lautes Knacken in den Boxen bemerkbar macht.

Ist alles eingeschaltet, kann es losgehen. Dazu den oder die „Master"-Regler am Mischpult ganz noch oben schieben, dann den Verstärker zu drei Vierteln aufdrehen. Dann die CD einlegen und den für das CRack zuständigen Regler nach oben ziehen (nachdem man auf „Play" gedrückt hat, natürlich). Lautstärkeregelung etc. des MPlayers befinden sich meist direkt am Gerät, nicht auf dem Mischpult. Die Lautstärke des Mikrofons lässt sich über die Ladestation (auf Dreiviertel aufdrehen) und über das Mischpult (Schieber langsam bis zur gewünschten Lautstärke ziehen) regeln.

Wem jetzt schon der Kopf schwirrt vor lauter Schiebern und Reglern, kann einen einfachen Trick anwenden: kleine Notizen, auf denen der Name des zugehörigen Geräts steht, unter jeden Regler kleben. So verliert man nie den Überblick. Hilfreich ist es auch, eine Markierung an der optimalen Lautstärke anzubringen, so dass man nicht lange hoch- und runterfahren muss, sondern gleich das richtige Volumen anfahren kann. Bei der Arbeit mit dem Verstärker und Master ist ein wenig Fingerspitzengefühl gefragt. Niemals bis an den Anschlag aufdrehen, und mit dem Master nicht den Verstärker „überholen", d.h. immer etwas unter der Leistung des Verstärkers bleiben. Gleichermaßen sollten CRegler und Mikrofon nicht höher als der Master eingestellt werden.

Die meisten Kauf-CDs sind bereits so eingerichtet, dass gar nicht mehr viel ein- oder umgestellt werden muss. Bei selbst gebrannten CDs und zusammengeschnittenen MDs sollte man jedoch in der Lage sein, den Sound zu optimieren.

Ein etwas speziellerer Knopf ist der Gain-Regler, ein Co-Master, wenn man so will. Mit ihm lässt sich die Lautstärke noch zusätzlich erhöhen; man sollte ihn allerdings keinesfalls wie einen normalen Lautstärkeregler benutzen, da sonst u.U. die Boxen kaputtgehen.

Was sonst ist noch wichtig am Mischpult? Die Low- / Middle- / High-Knöpfe beispielsweise. Meist geht ihre Skala von 0 bis +20, wodurch sich die folgenden ungefähren Einstellungen ergeben: Low 7 bis 8, Middle 9 bis 12 und High 10 bis 14.

Am kitzligsten ist die Einstellung des Equalizers, da schnell schlechter Sound erzeugt werden kann, obwohl alle anderen Regler optimal eingestellt sind. Um die beste Einstellung herauszufinden, schnappt man sich am besten einen Partner und hört verschiedene Lieder durch, bis die perfekte Regelung gefunden ist. Dazu müssen alle anderen Einstellungen neutral und auf mittlerer Lautstärke sein. Hat man die perfekte Regelung gefunden, rührt man den Regler am besten nie wieder an, und klebt obendrein ein warnendes „Finger weg!" daneben, um neugierige Finger abzublocken.

Das sind also die Grundeinstellungen und -schritte. Mindestens ebenso wichtig ist es, Leitsprüche wie *Nur das Genie beherrscht das Chaos* links liegen zu lassen, und stattdessen dem Motto *Ordnung ist das halbe Leben* zu folgen. Lockert sich mitten in der Vorstellung ein Kabel und die Musik erstirbt, blickt das „Genie" ratlos auf seinen Kabelsalat. Wer dagegen die Kabel geordnet hat, vielleicht Zettelchen an beide Enden geklebt hat, kommt dem Übel schneller auf die Spur.

Immer häufiger läuft mittlerweile auch vieles über den Computer – mit dem richtigen Musikbearbeitungsprogramm (z.B. Cool Edit) kann man das ganze Showprogramm bestreiten.

Hüten sollte man sich vor neugierigen Zeitgenossen, die die DJ-Kabine besichtigen wollen – so schön es ist, eine kleine Fangemeinde zu haben, so schnell kann dabei etwas schief gehen. Im besten Fall sind nur ein paar Regler verschoben, im schlimmsten landet eine Cola über der teuren Anlage. Also – sofern vorhanden, immer die Türe zumachen und sich nicht in der Konzentration stören lassen. Und selber natürlich auch die Cola vor der Tür lassen.

Es werde Licht

Mit dem richtigen Einsatz von Licht lässt sich eine tolle Atmosphäre zaubern. Kreativität ist im Vorfeld gefragt – zu welcher Szene passt welcher Farbton in welcher Intensität? Es ist wichtig, immer im Hinterkopf zu behalten, in welcher Ecke der Bühne jeweils Action ist; das Licht folgt den Schauspielern. Bei einem Suchscheinwerfer immer auf festen Stand und korrekte Nutzung achten.

Vor der Show gilt es, das Equipment zu überprüfen: sind genügend Farbfolien vorhanden? Funktionieren die Lampen alle noch, und sind Ersatzbirnen da? Man sollte immer eine Leiter in petto haben, um ggf. die Birnen auszuwechseln. Vorsicht vor Verbrennungen – die Glühbirnen machen ihrem Namen alle Ehre und werden schnell arg heiß. Insbesondere bei den großen Bühnenleuchten ist Vorsicht angesagt.

Lichteffekte sind denkbar einfach und sehen doch immer eindrucksvoll aus. Lichtrhythmus wird entweder automatisch erzeugt oder per Hand ausgelöst. Mit dem Blitzer (Strobo) sollte man sparsam umgehen – nur dann einsetzen, wenn er Sinn macht! Ähnlich verhält es sich mit dem Schwarzlicht. Im Übermaß eingesetzt, verliert es schnell seinen Zauber.

Die Leiden des jungen DJs

Wie in jeder normalen Disko auch werden häufig Musikwünsche des Publikums beim DJ eingehen. Hier gilt es, die richtige Balance zwischen den beiden Extremen zu finden: den Gästen möglichst jeden Wunsch von den Augen abzulesen oder für einen Einzelgast eine merkwürdige Extrawurst zu braten, die allen anderen „nicht schmeckt".

Lässt sich der Wunsch recht einfach erfüllen und passt auch in das übrige Musikprogramm, sollte man das Lied ruhig spielen. Tanzen aber gerade mehrere ältere Semester auf Discofox, sollte man nicht das ganze Programm umschmeißen und völlig die Richtung wechseln, nur weil ein Einzelner Lust auf Techno oder Gangsterrap hat.

Ohnehin wird es von oben meist eine ungefähre Anweisung geben, welche Art von Musik gespielt werden soll oder darf, so dass man im Zweifelsfall darauf verweisen kann: „Tut mir leid, ich darf nur clubinterne Musikzusammenstellungen auflegen".

Kinderdisco

Ganz groß bei den Kleinen (und gefürchtet unter den Anis) ist die Kinderdisco, bei der beliebte Kinderlieder, die sich nicht selten zu Ohrwürmern auswachsen, gespielt werden. Animiert vom Clubmaskottchen und natürlich den Animateuren, dürfen die Kids sich hier so richtig austoben.

Minidisco

Alina erzählt dazu: „Unsere Minidisco fand immer auf der Bühne der Disco/Show-Bar statt. Ich hatte eine Choreographie für sechs Lieder, und so musste ich jeden Tag dieselben Lieder tanzen. Nach ungefähr einem Monat konnte ich die Kindersongs einfach nicht mehr hören, und die Tänze habe ich im Schlaf gemacht; es wurde einfach zu langweilig. Ich wechselte meine Bühnenoutfits zwischen Clown, Kuh und einem Schwanenkostüm. Wir hatten zwar weitere Kostüme, aber die waren nicht der Renner."

Ab und zu fiel es schwer, die rechte Motivation zu finden, wie Alina gesteht: „Ich habe die Minidisco immer alleine bewältigt. An manchen Tagen stand ich sogar nur mit einem Kind auf der Bühne, an anderen Tagen dagegen wieder mit dreißig. Logisch, bei nur einem denkt man sich schon *„Oh Gott, was mache ich hier überhaupt!"* Nach den Tänzen mit den Kids gab es immer noch ein Spiel, und anschließend wurden die Urkunden der gewonnenen Spiele verteilt."

Wenn einem mal gar nichts mehr einfällt …

Solche Tage hat ja jeder mal: Motivation und Kreativität sind im Keller, das berüchtigte Brett klebt fest vor dem Kopf und eine Idee, was man tun könne, ist meilenweit nicht in Sicht. Dumm nur, wenn man verantwortlich für den Kinderclub ist und Dutzende erwartungsvolle Augenpaare auf einen gerichtet sind …
In so einem Fall hilft es, ein paar „Notfall"-Spiele parat zu haben, die man immer spielen kann. Im Idealfall existiert ein dicker Ordner mit Vorschlägen vom Team vom letzten Jahr – den man mit den folgenden Spielen ggf. noch ergänzen kann:

- *Schubkarren:* kennt eigentlich jeder. Einer geht in Liegestützposition zum Boden, der andere hält seine Füße, und dann wird auf Händen vorwärtsgeprescht, was das Zeug hält. Lustige Idee für Wettrennen
- *Jag den Schwanz:* ein Stück Schnur wird hinten in die Hose gesteckt, dann wird die Jagd freigegeben, jeder jagt jeden. Wer am Ende die meisten Schwänze ergattert hat (und seinen eigenen behalten), der ist Sieger. Funktioniert auch mit Wäscheklammern, die ans T-Shirt geklemmt werden. Als Variante finden sich kleinere Gruppen bis acht Personen zusammen, die sich alle hintereinander aufstellen und sich jeweils an den Schultern fassen. Der Letzte steckt sich hinten ein Band oder Tuch fest an den Gürtel oder in die Hose. Jede Schlange versucht jetzt, den anderen Schlangen die Schwänze abzuluchsen. Dabei dürfen die Reihen nicht auseinanderfallen.
- *Luftballontreten:* funktioniert nach einem ganz ähnlichen Prinzip: jeder hat einen Luftballon um den Knöchel gebunden und versucht, so viele Ballons der Mitspieler wie möglich platzen zu lassen, während man gleichzeitig den eigenen Ballon schützt.
- *Luftballonplatzen:* noch simpler: jeder bekommt einen Ballon und muss ihn so schnell wie möglich mit dem Hintern zum Platzen bringen.
- *Reise nach Jerusalem:* Ein Stuhl weniger als die Anzahl der Mitspieler wird Rücken an Rücken in der Mitte aufgestellt. Musik ertönt, und alle tanzen um die Stühle herum. Setzt die Musik aus, muss jeder versuchen, einen Stuhl zu ergattern. So scheidet in jeder Runde jemand aus und ein weiterer Stuhl wird entfernt. Sieger ist, wer schließlich auf dem letzten Stuhl sitzt.
- *Such den Schuh:* alle Schuhe werden ausgezogen, auf einen Haufen geworfen und gut durcheinandergemischt. Auf ein Zeichen stürzen sich alle auf den Haufen, und versuchen, so schnell wie möglich die eigenen Schuhe wiederzufinden.
- *Luftballontanz:* jeweils zwei Tänzer stecken sich einen Luftballon zwischen die Stirnen (oder Rücken an Rücken bzw. Hintern an Hintern) und tanzen. Sieger ist, wer am längsten mit dem Luftballon tanzt.

- *Wasserstaffel:* zwei Mannschaften treten gegeneinander an und stellen sich in zwei Reihen auf. Jeder hat einen Becher, und am Ende der Reihe steht ein leerer Eimer. Die jeweils ersten Spieler der Reihe füllen ihre Becher aus einem großen Gefäß mit Wasser und schütten sie in den Becher des Nächsten, der wieder in den des Nächsten, usw. Sieger ist die Mannschaft, deren Eimer als erster voll ist.
- *Auf Kommando:* es werden drei beliebig wählbare Kommandos erwählt, z.B. ‚Bauer' = alle schmeißen sich auf den Boden und rufen ‚oink, oink', ‚Müller' = alle wedeln mit den Armen und rufen ‚ratatata', ‚Pilot' = alle rennen mit auseinandergestreckten Armen durcheinander und machen Motorengebrumm nach. Kann noch erschwert werden, indem die Kommandos nur gelten, wenn ‚Kommando' vorausgerufen wird.
- *Wattebauschstaffel:* zwei Mannschaften treten gegeneinander an und versuchen, Wattebäusche so schnell wie möglich von einer Schüssel zur anderen zu transportieren – mit Hilfe ihrer gut mit Nivea eingeschmierten Nasen!
- *Klatschkreis:* Es wird eine Runde um einen Tisch gebildet, bei der jeder die Hände auf den Tisch legt, wobei die eigene Hand jeweils von zwei fremden Händen flankiert wird. Der Spielleiter schlägt mit einer Hand auf den Tisch, sein rechter Nachbar macht dies auch und so wandert die Bewegung im Uhrzeigersinn im Kreis. Klopft oder zuckt eine Hand, die noch nicht an der Reihe ist, so wird sie vom Tisch genommen. Klatscht eine Hand zweimal schnell hintereinander, so wechselt die Richtung.
- *Knieball:* ein Wettrennen der besonderen Art – jeder hat einen Ball zwischen den Knien stecken und muss die festgesetzte Strecke doch so schnell wie möglich „rennen".
- *Ballonball:* eine kleinere Gruppe von 4-6 fasst sich an den Händen und bildet einen Kreis, das Gesicht nach innen. Nun wird versucht, einen Luftballon oder aufblasbaren Ball so lange in der Luft zu halten, wie es geht, ohne dass die Hände losgelassen werden. Jede Berührung bringt einen Punkt ein.
- *Eiswürfelweitspucken:* erklärt sich ja von selbst …
- *Kreisklatschen:* alle stehen im Abstand von zwei Metern in einen Kreis und drehen sich, so dass jeder einen Rücken vor sich hat. Beginnt die Musik, so laufen alle im Uhrzeigersinn im Kreis herum und versuchen, dem Vordermann auf den Rücken zu klatschen. Alle Getroffenen hocken sich auf den Boden und bilden Hindernisse, während die anderen weiterlaufen und weiter abklatschen. Stoppt die Musik kurz, so geht die Rennerei in die andere Richtung weiter.
- *Stiftzielen:* jeder bekommt einen Stift an einer Schnur etwa in Gürtelhöhe auf den Rücken gebunden und muss sich nun bücken und verrenken, um ihn in einer Flasche zu versenken.
- *Riese, Zwerg und Zauberer:* Zwei Gruppen bilden sich, jede bespricht sich heimlich, ob sie in der nächsten Runde Riese, Zwerg oder Zauberer sind.

Dabei hat der Riese Macht über den Zwerg, der Zwerg über den Zauberer und der Zauberer über den Riesen. Dann stellen sich die Gruppen in zwei Reihen einander gegenüber auf und schreien auf ein Kommando den derzeitigen Namen ihrer Gruppe. Hat eine Gruppe den Zwerg gewählt, müssen sie fortlaufen, wenn die andere Gruppe den Riesen gewählt hat; die Riesen versuchen derweil, die Zwerge zu fangen. Hat die andere Gruppe den Zauberer, müssen sie versuchen, die gegnerische Mannschaft zu fangen. Haben beide den Zwerg gewählt, geschieht nichts. Die Gefangenen wechseln zur anderen Gruppe.

- *Luftballonrasur*: Luftballons werden mit reichlich Rasierschaum eingeschmiert und mit echten Einwegrasierern „rasiert". Gewonnen hat, wessen Luftballon am besten gesäubert ist, natürlich ohne zu platzen.

- *Bilderfaxen*: Die Spieler bilden eine „Telefonleitung", indem sie sie sich hintereinander auf den Boden setzen. Der Spieler am Anfang der „Leitung" malt auf einem Blatt das zu übermittelnde Bild. Nun „überträgt" er es mit dem Finger auf den Rücken seines Vordermannes, der „überträgt" auf den Rücken vor ihm, usw. Der letzte Spieler überträgt den Wahrnehmungseindruck auf seinem Rücken auf ein Blatt. Ist sie der ersten Zeichnung auch nur entfernt ähnlich geworden?

Bewertungen

Obwohl im Bereich Animation alles immer locker und lustig aussieht, steckt hinter dieser Fassade nicht nur eine knallharte Organisation, sondern auch eine Bewertungsskala, nach der sich jeder Club zu richten hat. Die Gäste haben nach ihrem Aufenthalt im jeweiligen Urlaubsclub die Möglichkeit, an einer sogenannten Reisegastbefragung teilzunehmen. Diese dient dazu, sämtliche Vorgänge innerhalb des Clubs, sowie Animationsaktionen und Programme, zu bewerten. Neben dem allgemeinen Punkteschema, das nur die Gäste ausfüllen, wird auch jeder einzelne Animateur während der Saison mehrfach bewertet. Dies geschieht jedoch ausschließlich intern, innerhalb des Animationsteams und steht nicht in direktem Zusammenhang mit der Gästebewertung.

Selbst wenn nicht jede Bewertung immer positiv ausfällt, sollte man sich auf keinen Fall entmutigen lassen. Nicht alle Gästegeschmäcker sind gleich, und es kommen auch wieder bessere Zeiten. Wichtig ist nur, trotz allem motiviert und engagiert bei der Sache zu sein.

Reisegastbefragung

Bevor ein Gast den Urlaubsclub wieder verlässt, trägt er auf einem Gästefragebogen ein, was ihm besonders gut gefallen hat und was nicht. Er kann darauf

Verbesserungsvorschläge notieren. Außerdem hat der Fragebogen ein Bewertungsschema, womit die einzelnen Animationsbereiche wie Sportanimation, Tagesanimation, Abendanimation, Workshop, etc., nach Ideenvielfalt, Hilfsbereitschaft, Verhalten gegenüber dem Urlauber und Ernsthaftigkeit in Ausübung ihrer Tätigkeiten bewertet werden.

Auf dem Fragebogen erscheinen alle einzelnen Bereiche innerhalb des Clubs: Empfang, Rezeption, Zimmerausstattung, Mitarbeiter, Sport und Freizeiteinrichtungen, Mahlzeiten, Service, Flughafentransfer, Ausflüge und vieles mehr. Bei dem wöchentlichen Großmeeting der Animation werden grundsätzlich die Reisegastfragebogen miteinbezogen. Jede Woche findet eine Auswertung statt, wobei versucht wird, immer einen gewissen Punktedurchschnitt in jedem einzelnen Animationsbereich und letztlich insgesamt zu halten. Wird der gesetzte Punktestand unterboten, muss animativ mehr unternommen werden. Wer jeden Monat einen guten Punktedurchschnitt behält, hat gute Aussichten, am Jahresende der beste Club der jeweiligen Clubkette zu werden, was sogar eine Provision verspricht. Das Bewertungssystem führt unumgänglich zu einem gewissen Konkurrenzdenken, denn jeder Club möchte schließlich "Club des Jahres" werden.

Standortbestimmung

Die Standortbestimmung ist ein Bewertungssystem für die einzelnen Animateure. Im Grunde genommen dient sie ausschließlich dazu, Entwicklungsmöglichkeiten aufzuzeigen, und ein Feedback über den aktuellen Leistungsstand jedes Animateurs zu geben.

Die Bewertungen unterscheiden zwischen herausragend guten Leistungen, durchschnittlichen Qualitäten und stark verbesserungsbedürftigen Arbeitsergebnissen.

Entscheidend bei der Bewertung sind der Einsatzschwerpunkt jedes einzelnen Animateurs, die Berufserfahrung und gegebenenfalls vorherige Einsatzorte.

Bei der Beurteilung werden Teamfähigkeit, Gästebetreuung, Arbeitsqualität, Motivation/Engagement und die persönliche Erscheinung bewertet. Zusammen mit dem Teammanager werden nun in einer Besprechung unter vier Augen die einzelnen Punkte diskutiert. Überdies werden gemeinsam Ziele bis zum nächsten Gespräch festgesetzt.

Wichtig bei der Standortbestimmung ist vornehmlich, ob die beim letzten Feedbackgespräch vereinbarten Ziele erreicht wurden, wie das Entwicklungspotential des Animateurs ist, und ob er in seinem Schwerpunktbereich richtig eingesetzt wurde.

Auch wenn es bei solch einer Beurteilung hin und wieder zu einer Ungerechtigkeit kommt, sollte man im persönlichen Gespräch mit dem Teammanager unbedingt versuchen, alle Probleme zu klären. Wenn dies nichts nützt, dann wende man sich bei schwerwiegenden Unstimmigkeiten am besten direkt an die Zentrale der jeweiligen Clubgesellschaft, denn die hat schon so manchem aus der Patsche geholfen.

Einsatzortbestimmung

Wer sich bereits während der Saison dazu entschieden hat, eine weitere Saison als Animateur tätig zu sein, stelle sich die Frage nach dem Land. Manche Animateure, die sich schon ihren Traumclub auserkoren haben, können dieses auf einem Wunschzettel, der sogenannten Einsatzortbestimmung, vermerken. Man gibt meist zwei Clubs auf der Wunschliste an, und jeweils zwei Einsatzbereiche. Die Wunschlisten werden an die Zentrale geschickt, die mehrere Wochen später die neuen Einsatzorte bekanntgibt. Leider können die Wünsche nicht immer erfüllt werden, denn es wird nach Homogenität des Teams und nach den verschiedensten Fähigkeiten eingeteilt. Zudem sind manche Clubanlagen so populär, dass jeder versucht, dort irgendwann zu landen.

Während meiner Animationszeit habe ich eigentlich immer nur eines beobachten können: fast jeder kam dort hin, wo er eigentlich nicht unbedingt hin wollte. Wie oft haben wir uns schon gefragt, wozu diese Wunschzettel überhaupt existieren, wenn sie keiner liest? Kaum hatte man sich den Einsatz in Europa gewünscht, wurde man in ein Fernziel geschickt, wollte man weit hinaus, war's wieder umgekehrt ...

Falls das neue Ziel überhaupt nicht gefällt, kann man immer noch tauschen, denn niemand wird gezwungen, irgendwohin zu fliegen, wenn er überhaupt nicht will. Also könnte man zu guter Letzt doch noch Glück haben!

Saisonende

Im Gegensatz zur Vorbereitungszeit, in der man sich auf die ersten Urlauber freut, kann man es nach einer anstrengenden Saison kaum erwarten, wenn sie sich langsam dem Ende neigt. Man freut sich auf zu Hause, um endlich auszuspannen, denn den Urlaub hat man sich dann redlich verdient. Abschiedsstimmung macht sich breit, und es liegt etwas Merkwürdiges in der Luft. Die einen haben bereits ganz neue Zukunftspläne, während die anderen mit ihren Gedanken schon in den Vorbereitungen zur nächsten Saison sind. Einerseits ist die Luft im wahrsten Sinne des Wortes raus, andererseits ist man traurig. Niemand ist mehr so richtig bei der Sache wie zu Saisonbeginn, voller Esprit und neuer Ideen, was sogar die Gäste spüren. Komischerweise verhalten sie sich in dieser Hinsicht recht verständnisvoll.

Abschied

Nach Abreise der letzten Gäste fängt das große Aufräumen an. Alle müssen mit anpacken. Für alle Bereiche werden Inventurlisten angefertigt, wofür unfreiwillig natürlich erstmal sortiert und Ordnung geschafft werden muss. Hierbei nimmt selbstverständlich die Showrequisite mit ihren zahlreichen Kostümen die meiste Zeit in Anspruch. Damit sollte schon ein paar Wochen vor Saisonende begonnen werden, damit zum Schluss nicht völliger Stress entsteht.

Mit einem riesigen Abschiedsfest klingt die Saison dann aus. Erinnerungen werden wach, und man wird sich plötzlich bewusst, dass man viele Kollegen wahrscheinlich nie wieder sehen wird. Aber so ist das nun mal bei dieser Tätigkeit. Meist merkt man erst gegen Ende, wie nett der Idiot von nebenan eigentlich war oder wie wenig man über so manch einen weiß.

Irgendwann steht man mit seinem Stand-by-Ticket und seinen Siebensachen am Flughafen. Hin und wieder passiert es, dass kein Platz in der Maschine zu ergattern war, so dass man an einen anderen Zielflughafen geschickt wird. Vielleicht kommt man auch gar nicht mit, so dass es ratsam wäre, einen Festflug zu buchen, bei dem allerdings etwas aufzuzahlen ist.

Zu Hause angekommen, fällt einem bereits nach einer Woche die Decke auf den Kopf – kein Wunder, denn wer monatelang immer Trubel und Leute um sich herum hatte, wird sich nun rasch langweilen. Also nichts wie weg in den neuen

Einsatz – oder die Zeit einfach hinter sich lassen und voller Tatendrang etwas Neues beginnen.

Traumjob Animation?

Ob es für einen jungen Menschen wirklich vorteilhaft ist, längere Zeit im Ausland zu verbringen, sollte jeder selbst entscheiden. Schließlich zieht man mancherlei Vorteile aus einer solchen Tätigkeit. Man sammelt allerhand Erfahrungen im Umgang mit Menschen, erforscht oftmals interessante Aufgabengebiete, hat ständig Abwechslung, lernt fremde Länder und Kulturen kennen und erlebt viele Abenteuer.

Ständig ist man in einer Urlaubswelt, in der alles funkelt und glitzert, alle Menschen gute Laune ausstrahlen, und Sonne und Meer sind auch nicht weit.

Daniel meint dazu: „Das Animationsleben hat so viele Facetten und Gesichter. Wenn man diesen Job wirklich lebt und die Dinge offensiv angeht, ist der Animationsjob wirklich ein Traumjob. Der Dank, den man für diese wundervolle Arbeit bekommt, ist das positive Feedback der Urlauber, der Applaus auf der Bühne, das Strahlen der Kinder, jede Menge neuer Bekanntschaften, der Einblick in andere Kulturen, ganz viel warme Sonne und nicht zuletzt die Möglichkeit, sich selbst besser kennenzulernen."

Vielleicht sollten zunächst die Konditionen bei einem derart anstrengenden Job überholt werden. Denn nirgends stimmt das Preis-Leistungs-Verhältnis so wenig wie hier. Der Verdienst bietet der heutigen karrierebewussten Generation auf Dauer wenig Anreiz.

Die Einstellungsanforderungen für den Beruf als Animateur erfordern immer höhere Qualifikationen. Neben Trainerlizenzen, Tanz- und Sportausbildungen sowie sprachlichem Können und pädagogischen Fähigkeiten ist auch eine starke Persönlichkeit erwünscht. Auf der anderen Seite bietet der Reiseveranstalter für diese Tätigkeiten einfach keine besonders guten Konditionen an.

Der hohe Mitarbeiterwechsel in dieser Branche ist wohl auch dadurch zu erklären, dass viele die anstrengende Tätigkeit nicht länger als einige Saisons durchhalten, und dass das "Berufsbild" wegen geringer Entlohnung wenige Zukunftsperspektiven beschert.

Selbstverständlich ist ein interner Aufstieg innerhalb der jeweiligen Cluborganisation durch Trainee-Programme und Seminare immer möglich, jedoch kommt dieser Weg nicht für alle in Frage.

Für kurze Zeit ist es vielleicht tatsächlich ein Traumjob, aber einer der schwersten, den man sich vorstellen kann. Und der Preis, den man dafür berappt, ist verdammt hoch. Denn eines muss jedem, der in die Animation möchte, bewusst sein: man gibt etwas ganz Wichtiges auf, denn für ein Privatleben und echte Freundschaften ist hier wenig Platz!

Warum aber ist es so schwer, mit der Animation aufzuhören, wenn man einmal damit angefangen hat?

Absprung aussichtslos?

Wie viele unentdeckte Talente schlummern in solchen Clubanlagen? Moderatoren, Schauspieler, Sänger, Entertainer und Tänzer. Vielleicht fürchten sie alle, in der "wahren Welt" nicht bestehen zu können, weil sie dort niemand kennt und sie dort nicht immer im Mittelpunkt stehen. In einem Club ist man ständig von Hunderten von Touristen umschwärmt und fühlt sich wie ein kleiner "Star", während einen zu Hause plötzlich wieder niemand kennt. Der Absprung aus dieser Scheinwelt ist schwerer als gedacht. Im Club ist immer Partystimmung, man verliert völlig den Bezug zum normalen Leben und zur Wirklichkeit. Je länger dabei, umso schwieriger der Ausstieg.

Eines der größten Probleme ist wohl auch die Tatsache, dass die meisten Animateure gar nicht mehr wissen, was sie daheim eigentlich noch anfangen sollten.

Immer unterwegs zu sein macht ziemlich einsam, doch wenn man es nicht tut, ist man auch unglücklich. Jedes Mal, wenn Freude darüber aufkommt, endlich wieder ein halbwegs normales Leben führen zu können, fliegt einem ein Flugzeug über den Kopf, und es steigen die Tränen in die Augen. Einerseits wünscht man sich nichts sehnlicher, als endlich einen stinknormalen Alltag und ein Zuhause zu haben, andererseits lässt einen dieses Fernweh nicht mehr los.

Ein Aussteigen ist wahrscheinlich auch deshalb so schwer, weil man erstmal überhaupt nicht weiß, wo anzufangen ist. Schließlich hat man überhaupt keine Existenz mehr zu Hause. Wohnung und Auto wurden vor dem Auslandsaufenthalt aufgegeben, und nun steht man da und weiß nicht, wie man sich finanzieren soll. Außerdem braucht man schließlich auch eine Stelle, und die Situation auf dem Arbeitsmarkt ist alles andere als rosig.

Eine ehemalige Animateurin erzählte mir einmal, dass sie nach Heirat und Kinderkriegen glaubte, endlich sesshaft geworden zu sein. Als sie mein Funkeln in den Augen bemerkte, fügte sie hinzu, dass es sie auch heute noch, nach all den Jahren, immer wieder in die Ferne ziehe.

Chancen und Entwicklungsmöglichkeiten

Die Beschäftigungszeit als Animateur beträgt durchschnittlich zwei Jahre. Danach springen die meisten wieder ab. Aber was kommt dann? Wie soll es nun weitergehen? Animation ist wohl kaum eine Tätigkeit, die man bis zur Rente ausüben kann. Die meisten jungen Leute wollen einfach nur auf kurze Zeit dem Alltag entfliehen und in eine andere Welt eintauchen. Doch in einem Urlaubsclub herrschen völlig andere Regeln. Was außerhalb dieser Urlaubsanlagen in der großen, weiten Welt sonst noch passiert, bekommt man meist nicht mit; dafür lernt man in einem Club für das Leben. Viele junge Leute haben hier die Möglichkeit, ihre Persönlichkeit richtig zu entfalten. Man lernt sich selbst besser kennen und kann seine Wirkung auf andere Menschen ausprobieren. Irgendwann kommt jedoch der Punkt, an dem man sich fragt, ob man wieder in die "Realität" zurückkehren sollte, um ein "normales" Leben zu führen. Nach einer langen Zeit im Club ist jedoch die Wiedereingliederung in die alltägliche Gesellschaft nicht leicht. Viele ehemalige Animateure finden sich nicht mehr zurecht und können im normalen Arbeitsalltag nicht bestehen. Vielleicht wollen sie es auch gar nicht: Einmal Aussteiger, immer Aussteiger?

Innerhalb eines Clubs hat man auch eine Reihe von Möglichkeiten, sich weiterzuentwickeln. Von der Position eines Animateurs kann man bereits nach kurzer Zeit zum Koordinator des jeweiligen Bereiches aufsteigen. Über mehrere Seminare und Schulungen, sowie langjährige Animationserfahrung, gelingt, nach einer Lernzeit als Assistent des Teammanagers oder "Trainee", der Schritt zum Teammanager. In jedem Bereich der Animation kann man so weit aufsteigen, dass man als Trainer dieses Bereiches für die jeweilige Clubgesellschaft arbeitet. Die Aufgaben als Trainer liegen darin, von Club zu Club zu reisen und die einzelnen Animateure vor Ort sowie auf Ausbildungsseminaren zu schulen und zu unterstützen.

Generell ist eine Tätigkeit als Animateur oder Reiseleiter vor oder während des Studiums ein optimales Sprungbrett, um später in der Tourismusbranche tätig zu sein. Schließlich sind hier wie dort Fähigkeiten wie Kommunikationstalent, Spaß am Umgang mit Menschen, unerschütterlich gute Laune und Stressresistenz gefragt. Hat man erst mal eine Saison als Animateur gearbeitet, ist eigentlich klar: der Job ist etwas für mich – oder eben gar nicht. Diese Erfahrung ist tatsächlich Gold wert – schließlich möchte man nicht jahrelang studieren, um dann festzustellen, dass einem ein Job in der Tourismusbranche zu stressig ist oder einem aus anderen Gründen nicht liegt.

Auch außerhalb der Tourismusbranche kommen einem die gesammelten Erfahrungen häufig zugute: Viele Betriebe daheim stellen ehemalige Animateure gerne ein, da diese eine ganze Reihe Vorzüge mit sich bringen: sie sind kreativ, improvisationsfähig und haben die Bereitschaft sowie Fähigkeit zur Teamarbeit. Außerdem sind sie belastbar und haben großes Geschick im Umgang mit anderen Menschen. Meist besitzen sie auch ein gutes Einfühlungsvermögen. Es spielt keine Rolle, für welchen beruflichen Bereich man sich hinterher entscheidet – Animation bietet immer eine gute Grundlage und dient sozusagen als Sprungbrett für die Zukunft. Was man allerdings aus seinen Fähigkeiten macht, bleibt jedem selbst überlassen.

Aus dem Nähkästchen

Weltenbummler plaudern

Erfahrungsberichte Drina Kunkel

Durch die vielen Einsätze in den letzten Jahren haben wir die unterschiedlichsten Bereiche der Animation kennengelernt. Seltsamerweise kreuzten sich unsere Wege jedoch immer wieder. Während eines gemeinsamen Einsatzes lernten wir uns dann näher kennen und hatten fortan viele lustige, aber auch weniger lustige, Erlebnisse miteinander. Nach langen Überlegungen wollen wir jedoch nicht nur einige Tipps und Tricks bzw. Informationen zur Animation geben; nein, es fehlt noch etwas ganz Entscheidendes: unsere persönlichen Erfahrungen! Die nächsten Kapitel gewähren einen Einblick in das Leben zweier Ex-Animateurinnen, die fast ausschließlich in verschiedenen Clubs arbeiteten und doch im Großen und Ganzen ähnliche Erfahrungen und Eindrücke sammeln konnten. Nachdem wir beim ersten Einsatz in Tunesien schon sympathisierten, trafen wir nach einem Jahr wieder dort zusammen. In der Zwischenzeit verbrachte jeder viel Zeit in völlig getrennten Einsatzorten. Ob Tunesien, Marokko, Fuerteventura, Mallorca, Hurghada, Schweiz und Kos ... überall gab es kleine und große Abenteuer, von denen wir nun einige berichten.

Erster Einsatz: Tunesien!

Tunesien – Land der Teppichhändler und Bazare. Es war mein erster Einsatz gleich nach dem Seminar: Abendanimateurin. Ich war völlig frustriert, weil ich mich unglücklich in einen Typen im Kurs verliebt hatte, der natürlich in einen anderen Einsatz kam als ich. Das fing ja schon gut an. Am Flughafen angelangt bereits der erste Schock: Alle Koffer waren weg. Ein Alptraum! Natürlich hatte ich kein einziges Namensschild angebracht, und die Marken der Taschen wusste ich eh nicht. Stunden später hetzte ich dann mit Hilfe eines süßen Bodenstewards über das Rollfeld und klaubte mein Gepäck von einem dieser rostigen Gepäck-wagen. Da hatte ich noch mal Schwein gehabt. Meine Laune ließ bereits zu wün-schen übrig.

Als ich mein Zimmer sah, traf mich fast der Schlag – die letzte Bruchbude! Auweia – da saß ich nun mit meinen Siebensachen in einer uralten Clubanlage, hatte Liebeskummer und wollte nichts lieber als den nächsten Flug nach Hause. Glücklicherweise hatte ich mich rasch über meinen Herzschmerz" hinweggetrös-tet, denn Möglichkeiten waren schließlich genug vorhanden. Die Vorbereitungs-zeit war die Hölle: jeden Morgen Frühsport, das Essen war fürchterlich, und au-ßerdem war es um die Jahreszeit eiskalt, so dass wir den halben Tag im Rollkra-genpulli auf der kleinen Bühne standen, um die neuen Theaterstücke einzustudieren. Irgendwie war es schon seltsam: Alles, was auf dem Seminar so groß gepredigt wurde, war hier vor Ort plötzlich ganz anders. Von wegen Ideen einbringen und sich nicht unterbuttern lassen ... Plötzlich hatte man als Neuling kaum etwas zu melden. In den Meetings haben sich die meisten ohnehin nicht getraut, den Mund aufzumachen, was schnell zu Unzufriedenheit und Unruhe im Team führte. Vielleicht lag es daran, dass so viele neue Animateure dabei waren, jung und unerfahren, oder einfach daran, dass die älteren sich auf ihrem Sonderstatus ausruhten – jedenfalls kam es zu ständigen Reibereien untereinander.

Merkwürdige Einbrüche im Animationsblock und in der Theaterrequisite sorgten nicht unbedingt für ein besseres Klima. Geld, Stereoanlagen, Kostüme – da verschwand so einiges.

Auch wenn ich mir für fast nichts zu schade war, so hatte ich doch schon bald die elende Pinselwascherei und das Kostümchenaufhängen satt, während der andere Teil der Abendanimation es vorzog, die edleren Aufgaben zu übernehmen. Die ewigen Wascharien und Putzereien raubten mir den letzten Nerv! Auf privater Ebene hatten wir beide zwar viel Spaß miteinander, doch bei der Arbeit ging es teilweise drunter und drüber.

Lange Rede, kurzer Sinn: Trotz netter Partys und Abenteuer begann schon bald die reinste Kündigungswelle im Team.

Meine Kollegin war mittlerweile gesundheitsbedingt ausgeschieden, und ich merkte plötzlich, dass sie mir das reinste Chaos hinterlassen hatte: Es fehlten Show-, Requisiten- und Kostümpläne, die vorher wohl größtenteils leider nur im Kopf meiner Vorgängerin vorhanden waren.

In das Durcheinander war nun Ordnung zu bringen, aber ich wusste gar nicht, wo ich anfangen sollte.

Da meine Ex-Kollegin niemals etwas von ihrer Verantwortung hatte abgeben wollen, musste ich nun, trotz fehlender Einarbeitung in den meisten Bereichen, versuchen, die Abendanimation alleine weiterzuführen.

Langsam aber sicher verging mir die Lust. Ich bekam erst viel später Unterstützung im Abendteam, zu einer Zeit, als ich den Club schon längst verlassen wollte. Also brauchten wir schnellstmöglich einen Ersatz für mich.

Inzwischen spitzte sich die Situation im Club zu: Die Chefanimateurin hatte zu kämpfen, da ihr neuer Assistent wohl gerne ihren Posten übernommen hätte. Ob er besser war als sie oder vielleicht auch nicht, sei dahingestellt. Der Ärmste wurde jedenfalls in einen anderen Einsatz abkommandiert. Jeder sägte bei jedem am Stuhl – leider wird in diesem Job oft Privatleben und Arbeit nicht auseinandergehalten, so kommt es wohl des Öfteren zu unüberwindlichen Spannungen.

Auch wenn sich die Situation wieder etwas beruhigt hatte, das Team mittlerweile gut miteinander umging und es eigentlich nun hätte bergauf gehen können, war meine Entscheidung längst gefallen. Und so verließ ich nach fast acht Monaten, mitsamt meiner kleinen Wildkatze „Lisa-Baghira-Leslie" und einem lachenden und einem weinenden Auge den Club.

Zu Hause angekommen, hieß es erst mal Gesundheitscheck: das Lungen- und Herzstechen, in Tunesien als Bronchitis mit wochenlangen Antibiotika-Kuren behandelt, entpuppte sich als Blockade in der Wirbelsäule. Da hieß es dann Einrenken. Na also: Statt den Animateuren merkwürdige Spritzen zu verabreichen, die unter Insidern nur „Animationscocktails" genannt wurden, weil man danach wieder stand wie eine Eins, sollte sich mancher Quacksalber seine Patienten lieber mal genauer ansehen.

Nach einigen Therapiewochen war mein Rücken also wieder einigermaßen im Lot, und allmählich stellte sich wieder Langeweile ein. Ich musste wieder los. Die Agentur schickte mich diesmal nach Marokko.

1001 Nacht in Marokko

Marokko – ein wundervolles Land! Es gibt so viel zu sehen und zu erleben, dass man kaum weiß, wo man anfangen soll.

Ich wurde also von meiner Agentur als Kinderanimateurin nach Marokko vermittelt, worüber ich anfangs, ehrlich gesagt, alles andere als angetan war. Mist – schon wieder so ein Muftiland, dachte ich. Nach Tunesien wollte ich lieber mal auf eine dieser lockeren Inseln ... na ja.

Kaum in der Hotelanlage angekommen, wurde ich sofort in die Direktion bestellt, wo man mich als neue Chefin der Kinderanimation freudig begrüßte. Außerdem sollte ich als „Profi" ein neues Zweiwochenprogramm erstellen sowie mehrere Kindershows entwickeln.

Zwei Mitarbeiter wurden mir zur Verfügung gestellt, um ein völlig neues Konzept zu entwerfen. Dass ich weiß wurde wie eine Wand, schien die nette französische Direktorin wohl auf das feuchtwarme Klima zurückzuführen, während mir in diesem Moment nur ein Gedanke durch meinen Kopf schoss: „Völlige Fehlinformation der Agentur – riesiges Missverständnis – sofort anderer Einsatz – Hilfe!"

Ich hatte schließlich noch niemals im Bereich Kinderanimation gearbeitet. Es gab also nur zwei Möglichkeiten: entweder das Missverständnis aufzudecken oder die gewonnene Position als neue Herausforderung und Chance zu betrachten. Ich weiß nicht wie, aber ich schaffte es tatsächlich, aus der anfänglichen Katastrophe eine wundervolle Zeit zu machen.

Einerseits gehörte Marokko wohl zu einem meiner schönsten Einsätze, jedoch war es auch verdammt schwer, sich als deutsche Frau in einem marokkanischen Team durchzusetzen, und zu allem Übel auch noch Kinderprogramme sowie -shows zu entwerfen, die dieses Team dann weiterführen sollte.

Mir wurden sämtliche Fallen gestellt, die man sich nur vorstellen kann, nur um mich daran zu hindern, meine Arbeit zufriedenstellend zu erledigen: Ob es die Miniclubplakate waren, die über Nacht Beine bekommen hatten, ob mitten in der Show die Musik ausfiel und man wie bescheuert auf der Bühne stand, ob die

Kostüme plötzlich fehlten oder ob während einer Kindershow aus heiterem Himmel ein Parallel-Sonderprogramm für Erwachsene aufgezogen wurde, damit das halbe Theater leer stand – für Überraschungen war stets gesorgt. Wichtige Utensilien wurden beschädigt, Informationen verdreht, und meine Nerven wurden von Tag zu Tag angespannter.

Höhepunkt war die Silvestershow: Meine erste eigene Show „Aladin" für Kinder. Ich hatte Musik, Bühnenbild, Abläufe etc. schon so gut wie fertig, als mir der nette Chefanimateur großzügig anbot, mich bei meinem Vorhaben zu unterstützen. Ich nahm dankend an und war heilfroh, dass er mir bei den Proben mit der restlichen Crew so gut beistand. Alles ging glatt, und die besagte Show wurde fantastisch. Schon als ein echtes Kamel die Bühne betrat, tobten die Massen, und mit Hilfe der Animateure, der niedlichen Kinder und dem fliegenden Teppich wurde es ein Riesenerfolg. Mir standen vor Freude die Tränen in den Augen. Als es dann zur Präsentation nach der Show kam, wurde Mr. Boss als großer Regisseur, Ideenmacher und Choreograph gefeiert. Ich wurde nicht einmal erwähnt. Das bedeutete nur eines: Kampf! Diese Wut spornte mich so sehr an, dass ich sämtliche neuen Projekte mit noch mehr Ehrgeiz verfolgte, als ich es jemals für möglich gehalten hätte. Es machte mir riesigen Spaß, immer noch mehr zu entwickeln, nur um es diesem Typen irgendwie heimzuzahlen!

Aber aus Fehlern lernt man ja hin und wieder: Bei der nächsten Show ließ ich niemanden in meine Unterlagen schauen. Nachdem Schneewittchen und die sieben Zwerge, gefolgt von Pinocchio, Arielle und Simba über die Bühne fegten, gab es den lang ersehnten Beifall für mich.

Auch, dass die Crew sich in den Meetings anfangs nur auf Arabisch unterhielt, nur um mich zu provozieren und mir zu zeigen, dass ich nicht dazugehörte, interessierte mich schon bald nicht mehr: Ich beschloss, nicht mehr an diesen Treffen teilzunehmen und stattdessen etwas länger zu schlummern. Man darf sich nur nichts gefallen lassen! Kurze Zeit später ging's dann doch auf Französisch ...

Übrigens: In den meisten Hotelanlagen ist es strengstens verboten, jemanden mit aufs Zimmer zu nehmen, und wenn Marokkaner mit Europäern auf der Straße gesichtet werden (pärchenweise), gibt es nichts als Probleme. Dass dies auch für Mitarbeiter meines Hotels galt, wusste ich spätestens dann, als mein marokkanischer Adonis, der abends bei mir war, völlig verstört aus der Personalabteilung des Hotels kam, wo ihm auch noch mit einer Anzeige gedroht wurde.

Zu meinem Pech war die damalige französische Direktorin leider verreist und ihre Urlaubsvertretung, eine furienhafte Marokkanerin, zögerte nicht lange und warf mich zur Strafe mit Sack und Pack aus meinem lang erkämpften, wunderschönen Zimmer. Bevor ich wieder in den alten Hotelblock wanderte, beschloss ich, ganz aus der Anlage auszuziehen und schlüpfte unerkannt in eine der benachbarten Hotelanlagen. Bevor mich die Kakerlaken übermannten, kam glücklicherweise Madame la Directrice wieder aus ihrem Urlaub zurück. Ich erzählte ihr die ganze Geschichte und sie lachte sich über die Angelegenheit fast tot. Eine Stunde später bezog ich wieder mein altes Zimmer.

Auch meine unangenehme Magen-Darm-Grippe, die in solchen Ländern wohl jeden heimsucht, überstand ich mit Bravour – nicht zuletzt, weil mir die Kinder aus dem Miniclub Bilder unter der Tür durchschoben und mir Blumen pflückten. Dass Miniclub-Abdu immer verpennte, nervte mich irgendwann nicht mehr wirklich.

Die Nächte schlug ich mir mit Anita, der netten Reiseleiterin, die zu dieser Zeit meine beste Freundin war, um die Ohren, nicht zuletzt, weil diese süßen Tänzer aus einer der besten Tanzshows in der Gegend uns abends oft begleiteten. Wir hatten echt eine Menge Spaß! Vielleicht war es aber auch einer der knackigen DJs oder womöglich doch einer der lieben Kollegen, der uns motivierte? Wer weiß?

Als mich einer dieser Zeitgenossen vor rasender Eifersucht eines Nachts halb „erwürgte", beschloss ich, mich von einer Beziehung besser fernzuhalten. Zumindest hat man in Europa doch etwas andere Ansichten, was Outfit und Verhalten in der Öffentlichkeit betrifft.

Die jungen Leute im Tourismusbereich sind schon sehr modern in diesen Ländern – wenigstens tun sie so –, wenn es jedoch um bestimmte Dinge geht, stößt man knallhart auf den Islam und seine Regeln. Darüber sollte sich jeder bewusst sein, bevor er sich auf etwas einlässt!

Es war schon eine verrückte Zeit, aber es gab genauso viele lustige Erlebnisse wie ärgerliche Momente! Kamelritte, Ausflüge mit der Bimmelbahn, Karaokebars, Souk (= Markt) und vieles mehr begleiteten mich durch die Saison, die durch marokkanische sowie europäische Freunde zu einem unvergesslichen Erlebnis wurde.

Apropos Kamelritte: Bist Du schon mal mit einer Karawane von 25 schreienden Kindern auf 13 temperamentvollen Kamelen querfeldein unterwegs gewesen? Mein Po tut jetzt noch weh, wenn ich daran denke, aber es war das Lustigste, was mir je passiert ist!

Nachdem ich nun fast ein Jahr in Marokko verbracht hatte und noch ein weiteres Jahr angeboten bekam, hielt ich einen Ortswechsel, um mich weiterzuentwickeln, für das Beste.
Meine Agentur schickte mich ausgerechnet wieder nach Tunesien ...

Zurück nach Tunesien

Als ich die Anlage erreichte, die Rezeptionshalle durchquerte und die Bar betrat, stellte sich das Gefühl ein, den wahrscheinlich größten Fehler meines bisherigen Lebens begangen zu haben: wieder hierher zurückzukehren. Da saßen sie nun alle: Vertretung aus der Zentrale, neue Chefanimateurin (die vom letzten Jahr war nun endgültig abgesägt worden), und Sandy mittendrin.

Ich saß noch kaum richtig auf einem dieser durchgesessenen Ledersäcke, als mich ein Schwall von Psychogequatsche überrollte. Gedanklich immer noch in Marokko und mit einem Bein schon wieder im nächsten Flieger, hörte ich mir geduldig die aktuellen Problemchen der laufenden Saison an. Kurz und gut: Es ging wieder einmal um das alte Thema. Probleme in der Abendanimation, Organisation, etc. Nur, dass dieses Jahr Sandy diejenige war, die die Nase voll und es satt hatte, sich abzuschuften und sich nur Ärger einzuhandeln. Vielleicht hätten sich die Verantwortlichen an dieser Stelle einmal Gedanken machen sollen, ob das eigentliche Problem in der Gesamtorganisation lag?

Denn was fehlte, was genau in der letzten wie dieser Saison versäumt worden war, war ganz einfach eine gute Einarbeitungszeit, der eine gut durchdachte Organisation vorausging. Denn was nicht gut organisiert ist, lässt sich nicht gut weiterführen. Na ja – zur Unterstützung war ausgerechnet ich nun wieder da, und anfänglich schien auch alles recht gut zu laufen.

Wahrscheinlich wäre die Saison noch recht lustig geworden, wenn mir nicht schon nach einiger Zeit geschwant wäre, dass irgendetwas faul war. Die ganze Situation stank doch zum Himmel: Ein Jahr zuvor noch hatte Sandy mich abgelöst, jetzt sollte ich sie hier unterstützen? Und was war mit dem merkwürdigen Verhalten der Teammanagerin, der man wohl besser nicht zu viel anvertraute? Ich brachte der Angelegenheit schon bald viel Skepsis entgegen, zumal das Verhältnis zwischen Sandy und mir von Tag zu Tag enger wurde.

Wir hatten plötzlich so viel Spaß miteinander: Wir lachten und redeten über alles, gingen auf Partys und waren ein richtig gutes Abendteam, was sich leider schon sehr bald ändern sollte.

Kurz gesagt: Sandy wurde ausgemobbt. Ich war stocksauer und fing langsam an zu begreifen, warum niemand wollte, dass wir uns so gut verstehen. Eine der lustigsten Erinnerungen war unsere nächtliche Mafia-Aktion – die werde ich wohl nie vergessen: Eines Nachts verschwanden sämtliche teuren Tonanlagen aus dem Club und wir beide sind allen Ernstes im Dunkeln umhergetappt, mit der Taschenlampe versteht sich, um den Verbrecher schnappen. Wenn das der Clubchef wüsste, würde er uns bestimmt nachträglich einen Orden verleihen.

Es dauerte nicht mehr lange, bis Sandy mir mitteilte, dass sie nun so schnell wie möglich den Club verlassen wollte. Ich war völlig entnervt: wieder alleine den ganzen Krempel übernehmen, wieder dasselbe Schlamassel wie ein Jahr zuvor? Ihre Entscheidung war jedoch gefallen; ich war nun wieder auf mich alleine gestellt.

Die Lage hatte sich einigermaßen beruhigt, als es einige Zeit später bereits um die Einsätze für die nächste Saison ging. Jeder sollte seine Wunschlisten ausfüllen und die nächsten Tage abgeben.

Spätestens als ich meine drei Kreuze bei anderen Clubs setzte, mich somit gegen Tunesien entschied und den Zettel abgab, wusste ich, dass es nun nicht mehr unbedingt angenehm sein würde, die noch verbleibenden Wochen hinter mich zu bringen.

Es kam, wie es kommen musste: Die anfänglich noch recht gute Stimmung schlug schnell um in den reinsten Hexenkessel. Sicherlich trug meine damals noch schrillere kreative Ader hin und wieder dazu bei, andere Personen zum Ausrasten zu bringen. Dabei wollte ich mit der coolen neuen Graffiti-Wand doch nur gute Laune verbreiten ...

Um mich bei der Abendanimation zu entlasten, sollte schon bald Verstärkung kommen. Komisch, dass die sogenannte Verstärkung sich wieder um die wichtigen Dinge kümmerte und ich wieder einmal in der Rolle des Aschenputtels gelandet war. Anstatt mehr Zeit für eigene Choreographien zu haben, verbrachte ich wieder meine Tage hinter der Bühne. Ich hatte es satt. Bevor ich mich jedoch völlig zum Idioten machte, suchte ich nach einer passenden Lösung, um aus der ganzen Situation herauszukommen. Denn ich wurde das merkwürdige Gefühl nicht los, dass die Geschichte bald so enden sollte wie noch vor nicht allzu langer Zeit mit Sandy.

Mit Hilfe der Zentrale, die mich damals wirklich aus der ganzen Misere „errettete", schaffte ich es glücklicherweise schon kurze Zeit darauf, das ganze Chaos hinter mich zu lassen und in einen neuen Einsatz zu fliegen.

111

Wieder einmal hinterließ ich einige Freunde, aber so ist das leider bei dieser Art
von Tätigkeit.
Weihnachten verbrachte ich dieses Jahr zu Hause und flog dann im neuen Jahr
nach Fuerteventura.

Frischer Wind auf Fuerteventura

Die Urlaubscrew auf Fuerte – man, wir hatten echt ne tolle Zeit! Für sechs Wochen wurde also diese Ersatzcrew eingeflogen, um die Festcrew, die nun endlich
in den hart verdienten Urlaub gehen konnte, zu vertreten. Die Chefanimateurin
war zwar überall als streng und knallhart bekannt, jedoch überraschenderweise
völlig umgänglich und ein gutes Vorbild! Die erste Zeit verlief wohl recht stressig, was auch viel mit den ständigen Proben zu tun hatte, denn binnen kürzester
Frist war ein neues Bühnenprogramm zu erstellen. Doch die Mannschaft raufte
sich gut zusammen, und so hatten wir bald viel Spaß miteinander. Jede Nacht
flogen „Willi und Biene Maja" (= eine Animationseinlage) durch die Diskothek
und sorgten für mehr als gute Laune.
Nach dem üblichen Trara in der Abendanimation bot mir die Chefanimateurin an, an einem Radio- bzw. Moderationsseminar teilzunehmen, um mich für
die Tagesanimation umzuschulen, das ich gerne besuchte. Von da an arbeitete
ich in der Tagesanimation und war recht guter Dinge.
Die Seminarzeit war auch nicht ohne: Also da ging es drunter und drüber. Von
der Zentrale waren Trainees bzw. Kursleiter und Chefanimateure für die Seminarzeit kurzfristig auf Fuerteventura, weil die Schulung der neuen Animateure
auf unserer Anlage stattfand. Und da hieß es also wirklich: „Sodom und Gomor-
ra!"
Manchmal fragt man sich schon, was das eigentlich für ein Arbeitsverhältnis
ist, wenn Vorgesetzte – ob männlich oder weiblich – erst mal die neuen „Schäf-
chen" beglücken. Irgendwie ist in dieser Branche schon so einiges recht amüsant,
na ja, die Grenzen sind eben nicht ganz so klar abgesteckt wie bei anderen Beru-
fen.
Wen ich in diesem Einsatz übrigens sehr respektierte, war der Clubchef. Er
hatte zwar kaum etwas mit der Crew zu tun, aber er hing weder jede Nacht in der
Disco rum, noch trank er Alkohol. Zumindest nur in Maßen und nicht wie so
manch anderer Vorgesetzte.
Zurück zur Arbeit: Mit Hilfe wirklich netter Kollegen schaffte ich es schon
bald, mein erstes Radiomagazin zu moderieren und eignete mir auch sonst viele
neue und interessante Dinge an. Ferner konnte ich jetzt endlich mal bei den Gästen sein und brauchte mich nicht ständig hinter der Bühne mit irgendwelchen
Dingen beschäftigen.

Die Zeit der Urlaubscrew war abgelaufen, und ich wurde in die Festcrew übernommen. Der Abschied war recht traurig, da wir schon wirklich eine tolle Mannschaft waren. Aber die Saison ging weiter.

Die neue Crew war mit manchen Ausnahmen auch ganz nett, und neben den üblichen Streitereien und intriganten Kollegen verbrachten wir eine angenehme Zeit.

Zu einem der weniger amüsanten Dinge zählte das nächtliche Dekoschleppen nach einer Hauptshow. Dies bedeutete nachts, meist nach 24 Uhr, die aufwendige „tonnenschwere" Dekoration von der einen Clubseite auf die andere Clubseite in die Dekolager zu schaffen. Dies dauerte meist ewig, und es kam immer zu Krach untereinander.

Ansonsten war die Saison wirklich witzig – aber ständige Partys, Stress, etwas Fieber und weiß der Kuckuck was noch alles waren wohl der Auslöser dafür, dass ich umkippte. Da lag ich dann irgendwann in diesem komischen Krankenwagen und dachte plötzlich: „Mann – das war's. Jetzt muss ich sterben." Nachdem ich ewig am Tropf hing und der nette F&B-Manager sich rührend um mich kümmerte, fuhr ich dann letztlich mutterseelenallein im Krankenwagen nach Puerto del Rosario in diese Spezialklinik, wo ich noch mal gründlich durchgecheckt wurde. Auf der Fahrt durch die Pampa dachte ich immer nur eines: „Wenn ich jetzt den Geist aufgebe, merkt es nicht mal jemand." Alle standen zu dieser Zeit auf der Bühne und hatten nicht mal Zeit, darüber nachzudenken.

Kurz darauf ließ ich mich in Deutschland wieder einmal gründlich untersuchen:

Fazit: Stress, zu viele Partys, also selbst schuld! Ansonsten war ich kerngesund. Die nächsten Wochen ließ ich wirklich etwas ruhiger angehen.

Vielleicht war es die allgemeine Enttäuschung über so viele Unwahrheiten, der Stress oder einfach die Einsicht, dass mir der Job auf Dauer womöglich nicht gut tun würde, weil ich nur ganz schwer zwischen Arbeit und Vergnügen unterscheiden konnte. Wer weiß, was mich schließlich zu der Entscheidung brachte, mit der Clubanimation aufzuhören. Jemand fragte mich damals, wie jemand wie ich den bloß mit der Animation aufhören könne. Mit der Antwort musste ich passen, denn wahrscheinlich war es genau das Richtige für mich. Aber ich träumte insgeheim immer davon, ein ganz normales Leben zu führen, mit einer Wohnung, einem Auto, einem Freundeskreis und Shoppingtouren.

Stattdessen flog ich andauernd durch die Weltgeschichte und war nur noch überall zu Gast. Viele Freunde beneideten mich um mein „aufregendes" Leben, dabei hätte ich in manchen Momenten gerne mit ihnen getauscht und ein „stinknormales" Leben geführt.

Der Abschied fiel schwer: Die Crew hatte einen total süßen Nachmittag für mich vorbereitet. Jeder schlüpfte in eine meiner Bühnenrollen, und mit den dazugehörigen Kostümen wurde eine kleine Show aufgeführt – aber diesmal war

ich mir sicher: Es ist Schluss mit der Animation! Ich werde etwas Solides machen!
Als ich beim Rückflug einige Hotelgäste traf und diese mir versicherten, dass ich eh bald wieder wegfliegen würde, hätte ich eigentlich schon ahnen müssen, dass sie Recht hatten.

Mallorca: Rückfall oder Reinfall?

Warum es mich nach meinem festen Vorsatz, ein seriöses Leben zu führen, wieder in die Ferne zog? Wahrscheinlich, weil man dieses Fernweh niemals los wird, jedenfalls hielt ich es für abwechslungsreich, nach längerer Zeit in Deutschland nochmals eine Sommersaison in der Animation zu verbringen. Ich brauchte wieder Neues um mich herum, Menschen, Abenteuer. Ich dachte nicht lange nach und düste kurzerhand nach Mallorca, für irgendeine nichtssagende spanische Agentur.

Eigentlich hatte ich mich für den Bereich Abend- bzw. Kinderanimation beworben, doch da ein Chefanimateur gesundheitsbedingt ausfiel, sollte ich den Posten übernehmen.

Schnell wurde mir klar, dass ich mich auf eine völlig merkwürdige Agentur eingelassen hatte - es dauerte ewig, bis wir endlich unsere Arbeitsverträge erhielten, die vom Datum her überhaupt nicht stimmten. Seltsame Wohnungskautionen wurden von unseren Konten abgebucht, wovon wir erst viel später erfuhren und selbst die Flugkostenerstattung war fraglich.

Abgesehen davon stellte diese Art von Animation wohl alles andere dar als die Animation, über die wir in diesem Buch sonst berichten. Denn zwischen einer großen Clubanimation und einer winzigen Hotelanimation sind Welten. Während Clubs wegen der Animation gebucht werden, ist Animation in Hotels nur ein "Bonbon" für den Urlauber und hat niemals dieselbe Bedeutung.

Es ist zwar gut, das Ganze auch mal von einer anderen Seite betrachtet zu haben, um jedoch eine wirklich professionelle Arbeit im Bereich Animation zu erfahren, empfiehlt es sich, ausschließlich über die großen Reiseagenturen und Clubunternehmen zu gehen. Zudem ist man dort vertraglich einfach hundertprozentig abgesichert.

Auch wenn ich nur zwei Monate auf dieser Appartementanlage verbrachte, möchte ich doch von einigen denkwürdigen Ereignissen berichten.
Besonders amüsant war, dass unsere Crew aus sage und schreibe ganzen drei Animateuren bestand, wir sollten aber Kinderanimation, Sportanimation, Abendanimation, Allroundanimation und Chefanimation unter einen Hut bringen und dazu ein Vollzeitprogramm fahren, dass einem die Ohren wackelten. Einige Zeit später bekamen wir sogar noch ein „Viertes Frettchen" dazu, aber wenn ich es mir recht überlege, dann war die Bühne ohnehin so winzig, dass sowieso nicht mehr Leute draufgepasst hätten ...

Die Tages- sowie Showprogramme, die wir gestellt bekamen, kamen mir auch mehr als bekannt vor, um nicht zu sagen: 99 % waren von großen Clubunternehmen geklaut worden, und Shows wurden direkt kopiert.

Als ich den Materialstock das erste Mal sah, war ich entsetzt: Erstens sah es in dem Raum aus, als hatte eine Bombe eingeschlagen und zweitens existierte kaum Material, geschweige denn Kostüme.

Vieles musste überhaupt erst mal bestellt werden, und die Sportanlagen sowie die Bühne waren noch nicht mal fertig gebaut –aber es sollte um jeden Preis ein Programm stattfinden.

Es ist wirklich unvorstellbar, in welchen Fetzen und wie unvorbereitet wir anfangs teilweise auf der Bühne und bei den Tagesprogrammen standen. Aber es galt das Motto: „Auf die eine Blamage mehr oder weniger kommt es nun auch nicht mehr an!" Und wir mussten uns mit dem Bauloch hinter der Bühne als Umkleideraum zufrieden geben. Irgendwann ist einem wirklich nichts mehr peinlich!

Und wenn ich an die stundenlangen Bastelaktionen denke, bei denen wir ewig irgendwelche Dekoration zusammenschnipseln mussten, kann ich mittlerweile schon wieder darüber schmunzeln.

Dazu kamen noch die üblichen Neidereien gewisser Barleute gegen die Animateure. Manches Barpersonal glaubt, dass Animateure nichts zu tun hätten und sie dieses „Pack" auch noch bedienen müssen. Um die ständigen Probleme in den Griff zu bekommen, arbeiteten wir schon fast wie „Zweitkellner". So trugen wir unser Geschirr immer selbst weg, holten uns, soweit es ging, selbst die Getränke, schrieben mittags sogar selbst die Bestellungen auf, versuchten stets freundlich und höflich zu sein und wurden zum Dank auch noch beschimpft.

Während der Direktor sich ständig ärgerte, weil abends an der Bar die Kasse nicht genügend klingelte, sollten wir nun unter anderem nachts „Flyer" verteilen, um unsere abendlichen Programme zu bewerben. Obwohl ich mich zu dem Zeitpunkt schon fragte, ob ich denn nun als „Ticketverteiler" auf der Insel war oder als Animateur.

Glücklicherweise beschützte er uns jedoch meist mit Erfolg gegen die immer wiederkehrenden „Attacken" der Agentur, die teilweise nichts Besseres zu tun hatte, als die einzelnen Crewmitglieder durch Lügen und Intrigen gegeneinander aufzuhetzen und somit alles andere war als eine Unterstützung.

Im Laufe weiterer Differenzen verzichtete ich nur zu gerne auf einen weiteren Einsatz für diese Agentur, der zudem noch mehr als kurzfristig geplant war.

Ganz im Gegensatz zu dem einen oder anderen Ärgernis war jedoch die Unterbringung der Animateure „First class". So wohnten wir in einem wunderschönen Appartement mit drei Sonnenterassen und Swimmingpool.

Während wir uns die Nächte mit spannenden „Tarotsitzungen" oder lang ausgedehnten Nightlife-Touren um die Ohren schlugen und ich die Hälfte meiner Zeit damit verbrachte, auf den Anruf dieses niedlichen norwegischen Reiseleiters zu warten, vergingen die wenigen Wochen trotz so mancher Komplikationen wie im Flug. Ja, ich wagte sogar ein Schnuppertauchen, wozu mich einer der netten Tauchlehrer überredete.

Mallorca stellte bislang meinen letzten Animationseinsatz dar und ich bin fast schon gespannt, wie lange mein Vorsatz diesmal hält.

Und nun viel Spaß bei den nächsten Seiten, in denen Euch Sandy von ihren Abenteuern berichtet.

Tunesien: Bittersüße Erinnerungen

Erfahrungsberichte Sandra Kreuziger

Nach einem kurzen Bewerbungsgespräch bei der Agentur wurde ich zwei Tage später an meinen ersten Einsatzort Tunesien geschickt. Ich musste mir erst einmal bewusst werden, dass ich nicht nur für kurze Zeit in den Sommerurlaub flog, sondern dass ich dort arbeiten sollte.

Aufgeregt und ängstlich zugleich hatte ich mich damals innerhalb von zwei Tagen zu entscheiden, ob ich kurzfristig für jemanden einspringen würde.

Es war wie ein kalter Sprung ins Wasser, bei dem sich der Körper erst sehr langsam an die neue Temperatur gewöhnt, denn ich hatte mich nun in einem eingespielten Team als neues Mitglied zu behaupten. Das Gefühl, das sich einstellte, als ich Drina kennenlernte, war wohl Bewunderung, denn als ich sie das erste Mal bei „Arielle, die kleine Meerjungfrau" auf der Bühne sah, schloss ich sie ins Herz. Drina war die erste, der ich mich anvertraute, denn sie war diejenige, für die ich einsprang, und die mich nun in kürzester Zeit einarbeiten musste. Das bedeutete: proben, proben und nochmals proben. Denn wofür die anderen zwei Monate Zeit hatten, sollte ich nun in wenigen Tagen lernen. Kurz darauf verließ sie den Club.

Ich hatte in Tunesien eine Zeit, die mit einer Wetterfront zu vergleichen war: viele Höhen und viele Tiefen. Mir scheint es im Nachhinein, als sei ich die meiste Zeit mit Pinselputzen und Kostüme ordnen beschäftigt gewesen. Jedoch fühlte ich mich nach längerer Eingewöhnungsphase richtig wohl. Ich hatte mich ins Team integriert und gehörte dazu.

Nach längerem Krankenhausaufenthalt kehrte nun die damalige Abendanimateurin wieder zurück. Ich hatte eine Menge Spaß mit ihr, und insgesamt war das erste Jahr eine schöne Zeit.

Als ich mich jedoch entschloss, eine zweite Saison in Tunesien zu bleiben, wusste ich noch nicht, dass dies ein grober Fehler war. Ich bekam eine neue Kollegin bei der Abendanimation, die nun als Chefin bestimmt war. Wir versuchten mehrere Male miteinander auszukommen, doch wir waren einfach zu unterschiedlich in unseren Charakteren und Vorstellungen. Da wir tagtäglich eng zusammenarbeiten mussten, scheiterten schließlich unsere Versuche, uns zusammenzuraufen. Ständig musste ich nach ihrer Pfeife tanzen. Im Gegensatz dazu erschien sie dem Team als fröhliche und unkomplizierte Kollegin. Leider hatte ich damals nicht genügend Mumm, um mich durchzusetzen, denn ich war zu jung und zu unerfahren

Die Vorbereitungszeit war so schrecklich, dass ich mich nur ungern daran erinnere. Es war Ramadan, und es gab jeden Tag übel schmeckendes fettiges Gulasch, hinterher gleich immer Frühsport. Anstatt uns richtig auf die Saison vorzubereiten, wurden wir nebenbei als Handwerker und Malermeister angestellt. Workshop, Requisite, alles war neu zu streichen.

Zu dieser Zeit kriselte es auch schon im Team. Die Motivation war bei den meisten im Keller, und es machte alles keinen richtigen Spaß mehr. Die Chefanimateurin sollte nun endgültig abgesägt werden, denn die Animationsstandards, die sie uns ständig predigte, wurden von ihr selbst vernachlässigt. Sie war uns wirklich kein Vorbild mehr. Endlich kam ihre ehrgeizige Assistentin zum Zuge, die schon lange auf diese Chance gelauert hatte.

In dem ganzen Chaos wurden dann Teamtrainer aus der Zentrale eingeflogen, die uns, durch Psychospiele- und Gespräche „wiederbeleben" sollten.

Sogar ein Rettungsring wurde als Symbol ins Anibüro gehängt. So nach dem Motto: Jetzt muss etwas getan werden, sonst geht alles den Bach runter. Doch es half nichts: Die Luft war raus und wir vernachlässigten unsere geliebten Shows. Es verlief einfach nichts mehr nach Plan.

Nachdem meine Kollegin nun genügend schlechte Laune verbreitet hatte, entschloss sie sich, nun zu gehen. Ich war auf dem Tiefpunkt und nun in der Abendanimation auf mich allein gestellt. Ich hatte das ganze Jahr weder Showproben geleitet noch Gästeshows alleine einstudiert.

Was dann kam, war eine einzige Katastrophe: Ich war dem Ganzen einfach nicht mehr gewachsen; wie denn auch? Ich sollte eine träge, lahme Mannschaft zum Proben motivieren, ohne einen blassen Schimmer davon zu haben. Meine Ex-Kollegin hatte mir damals jede Verantwortung entzogen. Sie wollte immer alles alleine übernehmen: Bei Probenleitung und Organisation hatte ich nichts zu sagen. Sie hatte grundsätzlich alleiniges Bestimmungsrecht. Dadurch war ich, kurz gesagt, völlig planlos.

Es musste dringend Unterstützung her. Die kam dann auch, doch erst viele Wochen später, als ich schon nervlich und körperlich am Ende war.

Mir wurde eine Last aufgeladen, der ich durch meine wenigen praktischen Erfahrungen im Einstudieren von Shows nicht gewachsen war. Das Einzige, was mich hielt, waren die Momente auf der Bühne, die ich sehr genoss und bei denen ich alles um mich herum vergessen konnte.

Irgendwann kam Drina. Es war nun ein Jahr vergangen und viel passiert. Ich sehe sie noch vor mir, wie sie mit ihren 30 cm Gummiabsätzen vor mir stand. Ich glaube, wir brauchten einen Tag, um uns aneinander zu gewöhnen, und waren von da an unzertrennlich.

Zur Unterstützung kam wieder einmal ein Trainee von der Zentrale. Es wurden sogenannte „goldene Regeln" entworfen, die das Team, insbesondere bei Proben, wieder „auf Zack" bringen sollten.

Wir machten uns dadurch leider nur Feinde, obwohl dieser Schwachsinn nicht auf unserem Mist gewachsen war. So wurde z.B. das Rauchen während der Proben verboten, und wer nicht gerade auf der Bühne stand, sollte sich in die Requisite zurückziehen, um die Darsteller nicht bei der Probe abzulenken, etc. Durch diese Aktion wurde die Situation nicht gerade entspannter.

Irgendwann kam ich zum Entschluss, dass ich mit so vielen Intrigen und Durcheinander nicht mehr arbeiten wollte. Ich hatte das Gefühl, Drina nun im Stich zu lassen, wir gingen immer durch dick und dünn. Sie war wie meine große Schwester, die mich vor allem Bösen beschützen wollte.

Doch ich konnte nicht anders, denn von einem Zusammenhalt im Team konnte schon lange nicht mehr gesprochen werden. Ich wollte nun alles hinter mir lassen und einem geregelten, geordneten Leben nachgehen.

Nach zwei Wochen zu Hause zog es mich wieder in die große weite Welt. Es war Winter, und daher bot es sich an, in einem Bergclub zu arbeiten. Ein paar Tage später bekam ich einen Einsatz in der Schweiz, als Sport- und Abendanimateurin.

Ein kalter Winter in der Schweiz

In der Schweiz erstreckte sich die Vorbereitungszeit nur über eine Woche. Wie immer hatte ich die Aufgabe, die Shows einzustudieren. Da es eine völlig neue Show geben sollte, waren außerdem eine Choreographin aus der Zentrale und eine Regisseurin vor Ort. Die Kollegin aus der Zentrale war mir wohlbekannt, denn sie hatte mich damals in Tunesien eingestellt. Es wurden mir wieder mal keine Showvideos zur Vorbereitung zugeschickt, und so hatte ich verständlicherweise die einzelnen Choreographien noch nicht im Kopf, sondern musste sie mit meinen neuen Kollegen zusammen lernen.

Das hatte natürlich wieder den Anschein von Unprofessionalität und führte schon anfangs zu Auseinandersetzungen. Aber wie sollte man denn ohne vorherige Vorbereitung das beibringen, was man selber noch nicht konnte?

Obwohl ich vorher ausdrücklich betont hatte, weder je Sportanimation gemacht zu haben noch darin geschult worden zu sein – warum denn auch? – war die Zentrale der Ansicht, ich würde das, wie immer, schon irgendwie hinkriegen. Ich kam mir selbst äußerst dilettantisch vor und musste mir nun wieder einmal, wie schon so oft, etwas aus den Fingern saugen.

Ein kleiner Intrigant hatte sich auch eingeschlichen. Bei ihm war weder emotionale Intelligenz vorhanden, noch war er als Skiguide zu gebrauchen. So wurde er glücklicherweise, nachdem er etwas Gift versprüht hatte, in einen anderen Einsatz expediert. Meine „Bekannte" aus der Zentrale wollte alte Geschichten aus Tunesien wieder aufwärmen, und mit Psychogesprächen wie „Ich habe noch keinem soviel Privates von mir erzählt, aber nun erzähl' doch mal was über Dich..." versuchte sie, mein Vertrauen zu gewinnen. Doch diese Tour war mir schon hinreichend bekannt. Zu der Zeit wollte ich eigentlich wegen der anfänglichen Schwierigkeiten und dem Streit in der Vorbereitungszeit den Einsatz abbrechen. Wir waren acht Leute im Team, und mit der Hälfte davon verstand ich mich auch richtig gut.

Besonders gern mochte ich meine Zimmergenossin, und so entschloss ich mich schließlich, doch zu bleiben. Wir waren in einem Personalhaus, etwa 15 Minuten zu Fuß vom Hotel, untergebracht. Anfänglich war es eine Qual, den schneebedeckten, vereisten Berg morgens hinunterzulaufen (zu rutschen) und abends keuchend wieder hinaufzusteigen.

Doch ich erinnere mich an eine schöne Zeit und einen richtig kalten Winter, in dem wir jeden freien Tag zum gemeinsamen Skifahren nutzten.
Nach der Hälfte der Saison wurden jedoch Personalkürzungen vorgenommen, weil der Hoteldirektor der Meinung war, die Animation rentiere sich nicht mehr.
So kam es, dass meine Zimmergenossin und liebgewordene Freundin in einen Sommerclub geschickt wurde und ich nun dazu auserkoren war, ihre fehlende Stelle auszufüllen, denn mein Kollege in der Kinderanimation konnte unmöglich die vielen Kinder alleine betreuen, von denen einige sogar noch im Wickelalter waren und ständig quengelten.

So sah mein Tagesprogramm folgendermaßen aus:
Morgens brachten wir manche Kinder zur Skischule, und mit den übrig gebliebenen, die meist noch viel zu klein waren, um zu spielen, gingen wir spazieren oder rodeln. Danach ging's mit der ganzen Meute zum Mittagessen. Nachmittags schafften wir es, das eine oder andere Kind zum Mittagsschlaf zu überreden. Oft wurden Ausflüge organisiert, doch nebenbei musste ich natürlich noch meine Abendvorbereitungen durchführen sowie proben. Spätnachmittags fand dann Aerobic oder Stretching statt oder darauffolgend Wassergymnastik. Trotz einer Menge Spaß mit den kleinen Rackern hat das ständige Windelwechseln und Skianzug aus- und anziehen schon ganz schön Nerven gekostet, so dass ich auch am Ende der Saison schon wieder reif für den ersehnten Urlaub zu Hause war. Von da sollte es einen Monat später wieder in den Süden gehen. Daraus wurde allerdings nur ein Kurztrip an einem Tag im April.

Einmal Hurghada und zurück

Nach dem Einsatz in der Schweiz zog es mich wieder in den Süden. Ich erhielt ein Stellenangebot als Abendanimateurin in einem ganz neuen Club in Ägypten. Wie immer war ich aufgeregt und voller Vorfreude, hatte jedoch diesmal einen Monat Zeit, um alles zu planen.

Man sagte mir, man sei mit dem Bau des Hotels noch nicht ganz fertig, aber das sei nicht weiter schlimm, denn die Animation sei schon da und man könne gleich mit den Vorbereitungen beginnen.

Es war also soweit: Als ich morgens um 6 Uhr in Berlin in den Flieger stieg, war ich schon längst mit meinen Gedanken im sonnigen Süden. Bei der Ankunft in Hurghada hoffte ich, jemand würde auf dem Flughafen mich mit einem Infoschild begrüßen, denn mehr als den Namen des Hotels wusste ich nicht. Ich nahm mein Gepäck vom Kofferfließband, und sogleich stürzten etliche Einheimische auf mich zu und wollten sich meine zwei Koffer schnappen. Ich hatte zuvor gelesen, dass die Ägypter in punkto Trinkgeld, sehr verwöhnt waren und einen Euro als Beleidigung empfanden. Da ich nicht mehr Kleingeld in der Tasche hatte, beschloss ich, meine Koffer selbst zu ziehen und auf einem klapprigen Gepäckwagen zu befördern. Dies schienen die Ägypter nicht gewöhnt zu sein, und es war ihnen völlig unverständlich:

Eine Blondine (ich war pfiffigerweise vorher erblondet), alleine angereist, die weder ihre Hilfe annehmen noch Geld geben wollte – das bringt Ägypter zum Hopsen. Sie beschimpften mich zornig. Aber da ich schon einiges diesbezüglich gewöhnt war, schaute ich desinteressiert in eine andere Richtung. Der Beamte vom Zoll hatte wohl die Szene mitverfolgt, denn er machte wilde Handbewegungen, und was er sagte, klang sehr barsch.

Er zeigte in Richtung meines Koffers und verlangte, ihn zu öffnen. In der Hoffnung, etwas Verdächtiges zu finden, durchwühlte er rücksichtslos und unbeherrscht mein Gepäck. Enttäuscht, nicht fündig geworden zu sein, scheuchte er mich mit meinen arg malträtierten Koffern aus der Halle. Aufgrund meiner Erfahrungen hatte ich mich nach dem „Zwiebelsystem" gekleidet: das heißt, immer zwei bis drei dünne Oberteile übereinander, und mich nun bis zu meinem Spaghettiträger-Oberteil entblößt, denn die Sonne knallte hier morgens schon ziemlich heftig. Nach mehreren verzweifelten Blicken, meinen Namen auf einem der Schilder zu entdecken, entschloss ich mich, ein Taxi zu nehmen. Da ich immer noch nicht bereit war, einem Fremden mein Gepäck anzuvertrauen, schleifte ich wutschnaubend meinen Koffer hinter mir her. Er fiel dauernd um, weil der Griff fehlte und ich stattdessen eine Wäscheschnur zum Ziehen an dem Monstrum befestigt hatte.

Der Taxifahrer grinste mich an wie ein Honigkuchenpferd und wollte sich gleich für den nächsten Abend mit mir verabreden. Wir fuhren durch eine Wüstenlandschaft mit vereinzelt fertiggestellten Hotels. Ich malte mir schon aus, wie er mich in die Wüste verschleppen würde und dort irgendwo gefangen hielte. Aber meine Fantasie ging wieder mal mit mir durch, und als er umgerechnet 15 Euro für zehn Minuten Fahrweg verlangte, wurde ich jäh wieder zurück in die Realität geholt. Hätte ich doch bloß seine Einladung angenommen, dann wäre mich die Fahrt wohl billiger gekommen.

Ich fragte mich, ob das das richtige Hotel sein konnte: denn vor meinen Augen tat sich eine riesige Baustelle auf. Während ich schon mehr als gestresst war, versuchte ich, die feixenden Bauarbeiter, die mich beobachteten und mir nachpfiffen (nein, es war kein Pfeifen, eher schnalzende, schmatzende Geräusche, die man vielleicht bei Hunden macht), zu ignorieren.

Ich betrat die noch nicht fertig gestellte Halle und versuchte, freundlich, offen und fröhlich auszusehen, so wie ein Animateur eben zu sein hat. Eine Frau bog um die Ecke, und ich lief furchtbar erleichtert auf sie zu. Ich stellte mich ihr vor, worauf sie mir erstaunt erwiderte, dass noch gar keine Animation erwartet wurde. Sie führte mich zum zukünftigen Hoteldirektor, der mir als ein freundlicher Mann mittleren Alters entgegentrat, doch auch höchst erstaunt schien. Von ihm erfuhr ich, dass die Crew erst in einem Monat anreisen würde und die Vorstellungsgespräche noch nicht einmal angelaufen seien. Ich war schockiert! Die fortwährenden Ausrufe von ein paar vertrauten Gesichtern, die ich aus anderen Clubs kannte: „Was machst Du denn jetzt schon hier?", gingen mir langsam auf die Nerven. Ich war hungrig, wollte duschen, und war langsam am Ende meiner Kräfte. Man führte mich durch den Club, der nicht gerade klein war, zu einem Appartementblock, wo mir ein Zimmer zugeteilt wurde, in dem ich erst einmal mein Gepäck ablegen konnte.

Kurz darauf wurde ich von einem ehemaligen Kollegen durch die Anlage geschleift, der mir aufgeregt alles zeigte und von dem nun bald fertig konstruierten Hotel schwärmte. Ich fühlte mich in diesem Moment einfach „im falschen Film".

Die Zentrale hatte mich also ohne Absprache mit dem lokalen Hotel hierher geschickt! Da die Telefonleitungen im Hotel noch nicht in Betrieb waren, hatte hier wohl keine Kommunikation stattgefunden, was zur Fehleinschätzung führte. Man offenbarte mir, dass es für mich wohl leider noch nichts zu tun gebe, aber dass ich einen Monat später mit allen anderen Kollegen wieder anreisen könne und hochwillkommen sei.

Man bot mir an, noch zwei Tage zu bleiben, doch ich entschloss mich, schnellstmöglich diesen Ort zu verlassen, hievte mein Gepäck aus dem Zimmer und wurde freundlicherweise von einer Bekannten zum Flughafen gebracht. Da ich nur einen Stand-by-Flug hatte, kam für mich nur noch ein Rückflug nach Hamburg in Frage. Ich hatte eine furchtbare Wut im Bauch, aber ich wollte um jeden Preis sofort nach Hause. Ich sollte nun auch noch, in ägyptischer Währung, eine Flughafengebühr bezahlen. Das bedeutete für mich, wieder mit dem ganzen Gepäck zum Geldwechsel. Der Herr am Schalter wollte mich auch noch übers Ohr hauen.

Ich war zwar noch Herr meiner Sinne, aber doch langsam einem Nervenzusammenbruch nahe. Denn in nur wenigen Minuten ging mein Flieger. Ich stürzte mit verheulten Augen auf einen vertrauenerweckenden ägyptischen Reiseleiter zu. Er war sehr nett und hilfsbereit, sozusagen mein rettender Engel, der es arrangierte, dass ich vorgelassen wurde und schon bald die Maschine besteigen konnte. In Hamburg angekommen, hieß es dann: Taxi zum Bahnhof. Mit meinem letzten Bargeld kaufte ich mir eine Fahrkarte und erreichte schließlich um Mitternacht den Bahnhof Zoo in Berlin.

Ich werde diesen einzigartigen Kurzausflug nach Hurgadha nie vergessen. Natürlich bin ich nie wieder dort gewesen. Von diesem Land hatte ich die Nase erst mal gestrichen voll. Bis zu meinem nächsten Einsatz dauerte es dann noch mal vier Monate, und das Schicksal schickte mich zuerst nach Mallorca und eine Saison später dann nach Kos.

Viel los auf Kos

Zuerst muss ich außerdem erklären, dass ich hier nicht für einen der großen Clubveranstalter arbeitete, sondern für eine völlig neue Clubkette für junge Leute. Schnell stellte sich jedoch heraus, dass hier nur alles von den großen Clubketten geklaut war und sich die Arbeit nicht mit der in einem der großen Clubs vergleichen ließ.

Auch wenn es die erste Animationssaison in diesem Hotel war, hätte man die Anlage vor Beginn der Vorbereitungszeit animationsfreundlicher gestalten können, denn was wir am Morgen nach unserer Anreise vorfanden, war mehr als trostlos. Eine heruntergekommene, nicht wasserfeste Holzhütte stand neben dem Pool, die wir nun, in der einen Woche der Vorbereitungszeit, zu unserer Showrequisite umgestalten sollten. Von Seiten des Hoteldirektors erfolgte keine Unterstützung, so dass wir uns alleine in die Arbeit stürzen mussten: Plakate malen, Dekorationen entwerfen, Wände streichen und Prospekte hin- und herschleppen wurde zu unserem Tagesinhalt, wobei wir uns gegenseitig immer motivierten und durch die enge Zusammenarbeit die Gelegenheit hatten, uns richtig kennenzulernen. Diese kurze Einarbeitungsphase habe ich so lebendig und ausgelassen wie frühere Klassenfahrten in Erinnerung.

Kostüme, Requisiten, Miniclub-Utensilien und andere Sportartikel wurden erst Wochen später, nach und nach, zu uns geschickt. Gut, dass wir so ein kreatives Grüppchen waren, denn ohne unsere privaten Utensilien hätten wir wohl nichts zuwege gebracht. Nach Ende der Saison hatten wir endlich das ganze Material zusammen. Das Hotel ließ zu wünschen übrig, denn dort konnte man wahrlich keinen Traumurlaub verbringen. Es gab noch nicht einmal einen vernünftigen Strand, denn er bestand aus Steinen und Müll. Ferner waren erstmal zehn Minuten zu Fuß zurückzulegen, bis man ihn erreichte. Normalerweise wäre das Hotel somit ideal für Animation gewesen, denn aufgrund der Umstände lagen die meisten Gäste am Pool.

Doch das Publikum war wohl alles andere als leicht zu begeistern. Die Touristen ließen sich weder zu körperlicher Betätigung noch beim abendlichen Showprogramm mitreißen. Wir waren eine kleine Mannschaft, nicht zu vergleichen mit der in Tunesien, und unternahmen in unserer Freizeit recht viel miteinander. Leider konnten wir niemals einen gemeinsamen freien Tag bekommen, weil am Anreisetag immer ein Teil der Animation vertreten sein musste. So kam es eines Tages, dass zwei unserer Jungs, ohne vorherige Absprache mit unserem Teamchef, der mit mir frei hatte, einen sogenannten „Blau-Weiß"-Abend veranstalteten. Dieses Showprogramm war wahrscheinlich genau dem Niveau des Clubs angepasst. Das soll jetzt nicht abwertend klingen, denn eine Gruppe von versnobten Gästen ist auch nicht leicht zu ertragen.

Doch was an diesem Abend geschah, ist mit Worten schwer zu beschreiben. Eine Horde trinkeifriger Touristen randalierte in der Clubanlage und sang lauthals, nach bester „Ballermann-Manier". Nach etlichen Saufspielen hatte die Truppe wohl die Kontrolle verloren, angeführt von unseren zwei Kollegen aus der Animation. Nach dieser Aktion blieben uns die Zwei leider nicht lange erhalten, denn Randalieren und Ausplaudern von Firmeninterna gehören im Club wohl weniger zu den bevorzugten Eigenschaften eines Animateurs, und so wurden sie kurzerhand gefeuert.

Unsere Crew bestand nun aus drei Leuten: einem Kinderanimateur, einem Sport- u. Abendanimateur (das war ich) und dem Teamchef.

Der Abgang der zwei Animateure hing uns dann allerdings noch mehrere Wochen hinterher, da die beiden nun in Kos City arbeiteten und sich schnell rumgesprochen hatte, dass die zwei „lustigsten" Animateure vor die Tür gesetzt worden seien. Danach wurde unser Abendprogramm vielfach boykottiert, und stattdessen wurde in der „Saufmeile", wo die beiden nun arbeiteten, gefeiert.

Wir versuchten jedoch trotz unserer Unterbesetzung, ein Abendprogramm zu fahren. Der Chefanimateur und ich schafften es sogar, eine Zweimann-Musicalshow mit vielen Kostümwechseln auf die Beine zu stellen. Aber zum Glück bekamen wir von einigen netten Urlaubern Trost und wieder neuen Mut, als wir hörten, dass sie uns in der Zentrale gelobt hätten.

Trotz allen Ärgers gelang es uns, drei Wochen lang alleine zurechtzukommen und alle Programmpunkte durchzuziehen. Als schließlich ein DJ und zwei Kinderanimateure anrückten, waren wir sehr erleichtert, und es wandelte sich alles wieder zum Guten. Die Klientel wurde dadurch zwar nicht mitmachfreudiger, aber wir verstanden uns gut untereinander und machten das Beste daraus.

Eine Zeitlang spielten wir sogar mit dem Gedanken, alle zu kündigen und eine selbstständige Showcompany auf Kos aufzuziehen. Jörg, der Chefanimateur, und ich hatten zwei verwandte Seelen, und vor allem ergänzten wir uns prächtig auf der Bühne. Manchmal war er schon faul wie eine „olle Socke", aber er war der beste Michael Jackson-Imitator, den ich je gesehen habe.

Die Unterbringung der Animateure auf Kos war katastrophal. Wir vier Mädels hatten jeweils zu zweit ein Zimmer, der DJ und der Chefanimateur je ein Einzelzimmer. Meine Kollegin und ich hatten wohl das schlimmste erwischt, denn es stank bestialisch, sobald man den Kühlschrank öffnete, was wir uns dann besser verkniffen. Wenn wir eine Weile nicht die Tür zum Lüften öffneten, kam es mir so vor, als würde ich in eine Staubwolke treten, die sich von den Schimmelflächen an der Wand abgesetzt hatte. Der Grund, warum man nur selten die Tür öffnen konnte, lag darin, dass das Hotel auf einem ehemaligen Sumpfgebiet erbaut worden war und wir somit nachts von kleinen „Vampiren" überrascht wurden.

Ja, Vampire konnte man diese widerlichen kleinen Stechmücken wirklich nennen, denn, gegen die Mückenmittel resistent geworden, drehten sie nachts so durch, dass wir morgens wie ein Streuselkuchen aussahen. An dieser Stelle empfiehlt es sich übrigens, Mückennetze anzubringen, aber hinterher ist man immer schlauer!

Was wir erst später bemerkten, war, dass wir noch Besuch von anderen „possierlichen" Tierchen hatten, denn eine der giftigsten Spinnen hatte es sich in unserem Schrank gemütlich gemacht. Dagegen waren die handtellergroßen Spinnen, die abends an unserer Häuserfront hingen, harmlos gewesen.

Unglücklicherweise war unser DJ ein Spinnenexperte. Mit Schweißperlen auf der Stirn schlug er mit dem Besen auf das Vieh ein und zündete die mit Haarspray besprühte Spinne schließlich an.

Wie wir am nächsten Tag leider feststellen mussten, war dies erst der Anfang, denn hinter dem Schrank hatte die Spinnenmutter bereits ihre Eier gelegt.

Ohne Gegengift bedeutet ein Biss dieser Spinnenart den sofortigen Tod. Wir entschlossen uns sofort, unser Zimmer zu räumen und zu unseren zwei Kolleginnen zu ziehen, die wohl in der ganzen Zeit nie gelüftet hatten.

Von da an hausten wir wie in einer Kommune, und nachts quälten mich Alpträume: Ich sah dicke Spinnen von der Wand fallen. Das ging so lange, bis uns endlich ein neues Zimmer zugewiesen wurde, was zumindest in etwa unseren bereits heruntergeschraubten Ansprüchen entsprach.

Kos war mein letzter Einsatz, und gerne hätte ich noch mehr Anekdoten aus unserer reichhaltigen Erfahrung berichtet. Aufregende, lustige und brisante Geschichten gäbe es noch eine Menge zu erzählen. Doch lange Rede, kurzer Sinn: Schöne und weniger schöne Erinnerungen sollte jeder am eigenen Leib erfahren.

Achthundert Augenpaare ...

Erfahrungsbericht Daniel Schroff

Auf die Frage, ob Animation für ihn ein Traumjob sei, gibt *Daniel* zur Antwort: „Für mich, das ist jedenfalls sicher, ist es so. Das Wort „Job" passt eigentlich gar nicht – es ist viel mehr! Animation ist nicht einfach nur eine Arbeit, es ist eine Herausforderung, der man sich rund um die Uhr stellt, und der man nicht wie bei einer „normalen" Arbeit entfliehen kann.

Als Animateur steht man im Mittelpunkt! Ich denke, dies ist keine neue Erkenntnis und jeder weiß das, bevor er sich in das Abenteuer Animation begibt.

Alle wissen es, aber ich denke, niemand kann sich vorstellen, wie sich das auf das eigene Dasein auswirkt. Von vielen Urlaubern wirst du als Allwissender angesehen; man ist quasi alles für sie:

Rezeptionist, Hotelmanager, Babysitter, Kindererzieher, Jugendunterhalter, Reiseleiter, Musicalstar, Showmoderator, Kinderdiscoclown, Fitnesstrainer, Gesprächspartner, Seelsorger ... – wie man sich vorstellen kann, ist es nur schwer möglich, all diese Rollen perfekt auszufüllen.

Vom Arbeitgeber bekommt man immer eingebläut: das Wichtigste sind die Gäste, deren Wünsche und deren Bedürfnisse. *Und genau so ist es.* Die Aufgabe des Animateurs besteht darin, den Urlaubern (vom Baby bis zur Rentnerin) unvergessliche Ferien zu bereiten. Wenn man dieses Ziel verinnerlicht hat, ist man schon einen großen Schritt weiter gekommen und begreift, dass der eigentliche Lohn nicht die paar Hundert Euro sind, die man für seine Arbeit in der Sonne bekommt, sondern:

Kinder, für die man der ganz persönliche Held ist, die jeden Tag gerne zum Kinderclub kommen und täglich der Kinderdisco entgegenfiebern

Jugendliche, für die man ein Kumpel geworden ist, und die immer wieder zum Jugendclub kommen, hier neue Freunde finden oder sich ineinander verlieben.

Eltern, für die man Ansprechpartner ist und die ihre schönsten Tage im Jahr in vollen Zügen genießen.

Ich persönlich habe bisher zwei Sommer als Animateur verbracht. Einmal sieben Monate in Sa Coma im Osten der Insel Mallorca und einmal vier Monate während meiner Semesterferien in Westmallorca Paguera. Für mich gehörten beide Zeitabschnitte zu den schönsten meines Lebens.

Wie ich da hineingeschlittert bin, weiß ich selbst nicht genau ... Es war so, dass ich meine Ausbildung zum Bankkaufmann mit anschließendem Fachabitur beendet hatte. Danach schlug ich mich kurzzeitig mit Gelegenheitsjobs durch; allerdings mit dem Vorhaben, Auslandserfahrung zu sammeln. Ich informierte mich im Internet und bewarb mich bei mehreren Reiseveranstaltern. Letztlich landete ich in meinem ersten Jahr bei Thomas Cook Reisen, wo ich für Neckermann Family eingesetzt wurde. Bevor es ins Zielgebiet ging, mussten alle künftigen Anis eine Animationsschulung besuchen. Diese fand auf Mallorca statt und dauerte zwei Wochen. Nachdem die meisten die Aufgaben und Wissenstests erfolgreich absolviert hatten und alle Kinderdiscotänze erlernt waren, konnte jeder Wünsche äußern, wo und für welche Altersgruppe er gerne eingesetzt werden würde.

All meine Wünsche gingen in Erfüllung, und ich durfte Ostern nach Mallorca fliegen, um dort mein Abenteuer Animation zu beginnen."

Daniel gibt zu, dass Zweifel nicht ausblieben: „Gerade zu Beginn fragt man sich immer wieder: *Ist das wirklich das, was ich mir vorgestellt habe?* Am Anfang wird man als unerfahrener Animateur immer Probleme haben. Für viele ist es das erste Mal weg von zu Hause, und somit vermisst man Freunde und Familie, evtl. sogar den Lebenspartner. Viele vermissen den Komfort in Deutschland (TV, eigenes Badezimmer, Internet, bequemes Bett) für andere ist es schwer, sich zu integrieren; sie kommen mit dem Team nicht klar.

All diese Probleme scheinen wie verflogen wenn die Arbeit richtig beginnt. Das Wichtigste während einer Saison ist das Team – und gerade zu Anfang ist es die Aufgabe der Erfahrenen, die alles schon kennen, die Neuen aufzufangen und ihnen Halt zu geben.

- Alle angehenden Anis auf der Schulung haben sich größte Gedanken gemacht über Fragen wie:
- •In welches Land komme ich?
- •Wie viele Sterne hat mein Hotel?
- •Welche Altersgruppe darf ich betreuen?
- •Ist mein Zimmer schön?
- •Kann man in meinem Zielgebiet gut Party machen?

All das ist im Rückblick bedeutungslos – wichtig ist, dass das Team stimmt. Das Team ist während der Zeit alles für dich: Familie, Freunde, Rückhalt. Wenn man sich in ein Team gut einfindet und man mit allen gut klarkommt, dann wird man definitiv eine schöne Saison haben.

Man könnte meinen, dass der anfängliche Stress, den man zum Anfang der Saison hat (wenn alles noch neu ist und man proben, proben, proben muss), noch schlimmer wird, wenn die Hauptsaison ab ca. Juni beginnt. Dann, wenn das Hotel komplett ausgebucht ist und es von Kindern und Jugendlichen, die unterhalten werden wollen, nur so wimmelt.

Aber nein, dem ist nicht so. Mit der Hauptsaison beginnt der Traumjob Animateur. Mittlerweile hat man nur noch selten Tanzprobe, weil die Tänze alle schon verinnerlicht sind. Man hat auch keine Scheu mehr davor, auf die Bühne zu gehen, und man moderiert schon richtig gut und sicher.

In der Hauptsaison moderierte oder tanzte ich auch nicht mehr wie zu Beginn vor 50 oder 100 Menschen, sondern vor 800. Natürlich ist da die Stimmung besser und der Applaus lauter. Je länger die Saison dauerte, desto mehr Verlangen hatte ich, auf die Bühne zu gehen. Das Publikum merkt es auch, wenn jemand Spaß auf der Bühne hat und die Show ist einfach besser.

Meiner Meinung nach sollte ein guter Ani in höchstem Maße belastbar sein. Er sollte seine Tätigkeit keinesfalls wegen des Geldes ausüben, sondern weil er Freude daran empfindet. Ein guter Ani sollte vor allem Lust auf Neues haben und keine Herausforderung scheuen, offen sein und damit klarkommen, immer im Mittelpunkt zu stehen."

Einmal Star und zurück

Oliver erzählt von seinem Leben als Animateur:
„Es hat so gar nichts mit irgendeinem anderen Job gemeinsam – Du begibst Dich in eine völlig andere Welt, die Dich entweder gefangen nimmt oder Dich vom ersten Moment an abstößt. Ich hatte das große Glück, oder vielleicht auch den Fluch, nach dieser Welt süchtig zu werden. Ich habe in den vier Jahren aber auch viele Tiefschläge erlebt, entweder an mir selber, oder bei Kollegen.

Aller Anfang ist schwer, denn man muss sich überlegen, dass man ohne eine wirkliche Ahnung in ein Zielgebiet geschickt wird, das bisher nur von Postkarten oder Reisekatalogen bekannt war. Im Idealfall hat man schon einmal seinen Urlaub im jeweiligen Land verbracht – allerdings wird sich schon nach dem ersten Tag zeigen, dass das eine ganz andere Chose ist.

Ich war 27 Jahre alt, als ich im Sommer nach Mallorca geschickt wurde. Schon während des Einsteigerseminars wurde mir klar, dass ich ein echter „Spätzünder" war, denn das Durchschnittsalter lag ungefähr bei 18-24 Jahren. Im Nachhinein betrachtet ist es jedoch von Vorteil, wenn man schon etwas „Lebenserfahrung" mitbringt. Egal mit welchen Voraussetzungen man in seine neue Umgebung geht, man wird beim mindestens einen halben Jahr Aufenthalt im Zielgebiet als „anderer" Mensch zurückkehren! Ob diese Veränderung für einen von Vorteil ist oder nicht, hängt natürlich von vielen Faktoren ab (Team, Teamleitung, Hotel ...). Ich erinnere mich noch genau daran, als ich vor dem Hotel stand und nicht ansatzweise eine Ahnung hatte, was auf mich zukommen würde. Als ich das bis dahin 4-köpfige Team kennenlernte, das ca. schon drei Wochen vor Ort war, wurde ich herzlich begrüßt, und alle freuten sich über die männliche Unterstützung. Man muss dazu nämlich wissen, dass Männer in der Animations-Branche echte Mangelware sind. Warum das so ist? Keine Ahnung! Eigentlich sollte man doch annehmen, dass der Animateurjob gerade für das männliche Geschlecht ein echter Traum sei, wenn man mal die gängigen Klischees zu Grunde legt. Der Vorteil des „Frauenüberschusses" ist, dass man sich als Mann bei den Shows die Rosinen rauspicken kann, bzw. sie werden einem auf dem Silbertablett serviert.

Das Thema Show wurde allerdings auch gleich zu meinem ersten Problem, obwohl dieser Bereich eigentlich einer der Hauptgründe für meine Entscheidung war, Animateur zu werden. Noch am ersten Abend bekam ich von meiner Teamleiterin, die als einzige drei Jahre älter als ich war, eine Liste mit den Shows, die ich lernen sollte. Dazu gehörten *Cats, Phantom der Oper, Tanz der Vampire, Mamma Mia* und einige Sketche. „Lernen" bedeutete in diesem Fall, die kompletten Texte auswendig zu lernen, um sie dann playbackmäßig mitzusingen. Das alleine war schon unglaublich viel – ich bin jeden Morgen mit meinem Walkman auf den Ohren aufgewacht, weil ich, so lange ich konnte, die Shows gehört und mitgesungen habe. Mein Hauptproblem waren allerdings die verschiedenen Tänze und Choreographien. Abends, wenn die anderen das Programm gestalteten, ging es für mich meist mit meiner Teamleitung in den Fitnessraum zum Proben. Eigentlich ging es dort in jeder freien Minute hin, wann immer ein Programmpunkt ausfiel. Auch nach dem Mittagessen ging es für mich zum Proben. Oh Mann, ich habe so mit mir gehadert, ob ich alles hinschmeißen sollte, denn von Spaß und tollen Erfahrungen fühlte ich mich meilenweit entfernt. Ich habe gedacht *Das schaffst du niemals!* Aber ich habe die Zähne zusammengebissen. Und wenn man dann nach ca. einer Woche soweit ist und an der ersten Show teilnimmt, ist alles vergessen, und der Applaus der Gäste entschädigt für alle Strapazen. Das Lernen und Proben hört auch während der ganzen Zeit nicht auf, aber ist erstmal Routine eingekehrt, macht es sogar Spaß. Das Tagesprogramm war dagegen eigentlich nie meine Lieblingsbeschäftigung; ich war immer froh, wenn aufgrund mangelnder Gäste der Programmpunkt ausfiel. Am schlimmsten fand ich Tischtennis, Dart und Boccia, weil man dort als Spielleiter meist nur daneben stand und Punkte zählte. Am liebsten bin ich mit den Gästen auf Wanderung gegangen. Da kam man mit jedem ins Gespräch, und man konnte auch mal außerhalb seines freien Tages die Anlage verlassen.

Natürlich gibt es auch in der Animation zwischenmenschliche Beziehungen, die sich aber erstaunlicherweise weniger zwischen Gast und Animateur(in) finden, sondern zwischen Animateurin und Animateur. Zunächst sollte man erwähnen, dass sich einem seine Teamkollegen wesentlich schneller erschließen als irgendjemand anderes. Man lernt im Zielgebiet in einem halben Jahr mehr über seine Mitstreiter, als man jemals von seiner besten Freundin oder seinem besten Kumpel in Deutschland erfahren würde. Das hängt wohl auch damit zusammen, dass man fast jeden Tag praktisch rund um die Uhr zusammen ist. Selbstverständlich gibt es auch Reibereien im Team, und da ist auch immer jemand, den keiner leiden kann. Je größer ein Team, desto ausgeprägter die Gruppendynamik.

Meine Erfahrung hat gezeigt, dass es in einem kleinen Team einen größeren Zusammenhalt gibt. Klein bedeutet zwischen vier und sechs Personen. Beziehungen innerhalb des Teams sind meist vorprogrammiert. Leider sind sie oft sehr hinderlich bei der Teamarbeit – so lange alles läuft, ist alles prima, aber wehe, es kriselt ... – Wie schon erwähnt: *Man sieht sich fast jeden Tag, rund um die Uhr*! Das wird einem erst dann richtig bewusst. Zuhause kann man einfach nicht ans Telefon gehen, aber das geht im Zielgebiet leider nicht so einfach. Grundsätzlich war es auch so, dass es keine offiziellen Beziehungen im Team gab – zumindest lautete so die Anweisung der Zentrale. Beziehungen zu Gästen waren selbstverständlich auch tabu, jedoch hieß es auch *„Lasst euch nicht erwischen!"* Was wohl bedeutete *„Wir können euch nicht kontrollieren, aber es muss ja nicht jeder mitbekommen ..."*

Ich lebe übrigens auch mit einer Animationskollegin zusammen, und zwar schon seit fünf Jahren ...

Ob ich noch mal alles so machen würde? JA!

Habe ich etwas bereut? Nein!"

Kinderanimation im Sommer

Nach meinem Abitur habe ich die Animation entdeckt, mich sofort gründlich informiert. Die Tätigkeitsbereiche als Kinderguide sagten mir aus Anhieb gleich am meisten zu. Nach meinem Casting war mir klar, das wäre etwas diesen Sommer, so dass meine Vorfreude ins Unermessliche stieg. Binnen kurzer Frist erhielt ich meinen Einsatz auf der Sonneninsel Mallorca.

In der Anfangszeit waren viele Dinge neu, aber nach ca. zwei Wochen war der Tagesablauf klar. Ich hatte mich an die neue Umgebung gewöhnt und konnte anfangen, den Sommer zu genießen. Besonders die Arbeit im Team bereitete mir viel Freude. Wir sind insgesamt elf Entertainer. Diese Kollegen sind für mich auch eine Art Familie auf Zeit, denn zusammen sind wir stark und können vieles erreichen. Von jedem Einzelnen habe ich eine Menge gelernt und werde zu Ende meiner drei Monate viele wertvolle Erfahrungen mit nach Hause nehmen.

Den meisten Spaß habe ich an der Arbeit mit Kindern. Auf dem Programm der Minis steht neben verschiedenen Spielen auch Singen, Tanzen und Basteln. Auch das gemeinsame Mittag und Abendessen sowie erlebnisreiche Ausflüge zusammen mit den Eltern sind einige meiner Tätigkeiten. Die Kinder geben einem so viel zurück und machen die Arbeit sehr liebenswert. Als Höhepunkt empfinde ich es, abends im Team gemeinsam auf der Bühne zu stehen. Das Gefühl, wenn alle Augen auf uns gerichtet sind, ist unbeschreiblich. Man kommt sich wie ein kleiner Star vor. Zudem liebe ich unsere wöchentliche Pool- und Chillout Partys. Hier stehen wir nicht selbst auf der Bühne, sondern nutzen die Gelegenheit, die Gäste näher kennenzulernen.

TUI best FAMILY Animation

In den vergangenen Wochen habe ich so viele Eindrücke gesammelt und bin in vielen Dingen über mich hinausgewachsen. Das alles macht mich sehr stolz. Im Oktober werde ich mein Studium beginnen. Doch die Zeit in der Animation wird immer unvergesslich bleiben. Ich denke, dass ich jede Semesterferien nutzen werde, um erneut als Kinderguide in den Einsatz zu gehen. Das Besondere, was ich an meinem Arbeitgeber schätze, ist die Vielfalt der Aufgaben. Mittlerweile kann man in fünf verschiedenen Hotelkonzepten eingesetzt werden. Für jeden findet sich eine passende Tätigkeit, für junge Menschen genauso wie für den gestandenen Fitnesstrainer. Im hochklassigen Segment gibt es keine Animateure mehr sondern Entertainer, und diese arbeiten nicht in einem Club sondern in Hotels und Resorts. Zudem ist Animation nicht mehr nur der „Job" für eine Saison. Ein interessantes Aus- Weiterbildungssystem bietet allen Mitarbeitern die Chance zur Weiterbildung. So können wir zum Beispiel in nur kurzer Zeit zur Führungskraft aufsteigen oder uns als fitnessbegeisterter Laie zum Profi-Trainer ausbilden lassen. Mehrmals jährlich werden dazu Ausbildungsseminare angeboten. Optionen, die ich auch gerne nach meinem Studium noch wahrnehmen möchte, denn früher oder später wird mich doch wieder das Fernweh packen und entführen.

Patricia Nowack war bei der TUI Service AG im Einsatz.

WISSENSWERTES UND TIPPS

Praktische Hilfen

Zusammengefasst lässt sich der Animateurberuf also als einer der spannendsten und lohnendsten, aber gleichzeitig auch anstrengendsten Berufe überhaupt sehen. Da kann ein wenig gezielte Vorbereitung nicht schaden.

Daher auf den folgenden Seiten eine Zusammenstellung nützlicher Tipps und Adressen rund um touristische Aus- und Weiterbildung.

Wer sich auf den Job als Animateur gründlich vorbereiten will, ist beispielsweise mit einem Workshop oder gar einer Ausbildung gut beraten, z.b. als Tourismusfachwirt oder Reiseleiter. Oder wie wäre es mit einer Zusatzausbildung als Seniorenanimateur oder als Gerätefitnesstrainer, um sich von anderen Bewerbern abzusetzen? Teilweise werden vom Arbeitgeber vor Stellenantritt auch bestimmte Zertifikate wie der Erste-Hilfe-Schein oder besondere Trainerqualifikationen vorausgesetzt, die an den aufgelisteten Stellen erworben werden können.

Wer nach dem Einsatz in der Sonne Feuer gefangen hat und sicher ist, die richtige Branche gefunden zu haben, beginnt häufig ein Studium im Touristikbereich. Das Angebot ist breit gefächert und schier unübersichtlich. International Business Management als Masterstudiengang oder nur Fitnessökonomie auf Bachelor? Oder doch lieber Cruise Industry Management, da schon klar ist, dass der Traumberuf mit Kreuzfahrten zu tun haben muss?

Im Adressteil findet sich eine Auflistung von Fachhochschulen und Universitäten, die relevante Studiengänge anbieten. Auf einen Blick erschließen sich Studiendauer, Abschluss und Besonderheiten – etwa eine überwiegend englischsprachige Ausbildung, ein dualer Studiengang mit Doppelabschluss oder ein Studium im Ausland, beispielsweise ein zulassungsfreies und praxisorientiertes in den Niederlanden. Ist man schon mitten im Studium und möchte dennoch eine neue Richtung einschlagen, so ist ein zusätzliches Fernstudium vielleicht das Richtige. Neben gängigen Studiengängen bieten die hier aufgelisteten Fernakademien auch Lehrgänge, Seminare und Schulungen an.

Wer bereits gut ausgebildet und eigentlich nur auf Jobsuche ist, findet auch dafür eine Menge hilfreicher Adressen, von der ZAV bis hin zu den großen Veranstaltern, Club-Ketten und Agenturen, aber auch einzelnen Hotels und Campingplätzen. Seebären finden die richtigen Ansprechpartner auf Kreuzfahrtschiffen, und etliche Adressen von Freizeitparks stehen für all diejenigen bereit, die sich ihr Brot in Freizeitparks verdienen möchten. In unserer heutigen virtuell geprägten Welt dürfen natürlich auch ein paar lohnenswerte Seiten im Internet nicht fehlen, bei denen neben nützlichen Artikeln zum Animateurwesen aktuelle Stellen ausgeschrieben sind. In den Foren tummeln sich zukünftige, gegenwärtige und ehemalige Gleichgesinnte, mit denen man Treffen vereinbaren, sich austauschen, oder denen man die brennendsten Fragen stellen kann.

Seebären aufgepasst – wer sich bei einem Kreuzfahrtunternehmen bewerben möchte, besucht am besten „Meer Arbeit", die jährliche Infoveranstaltung für Angestellte aus Gastro- und Hotellerie. Durchgeführt wird die Veranstaltung von der Arbeitsagentur Suhl mit ihren Kooperationspartnern AIDA Cruises, A-ROSA und Reederei Peter Deilmann. Viele der anderen Reedereien und maritime Dienstleister entsenden Vertreter, so dass hier gleich einmal nützliche Kontakte geknüpft werden können. Bei Fragen helfen Susanne Koberstein, André Nickel oder Susanne Albrecht weiter, T. 03681 82-1997 / 1222 / 2256, F. 03681 82-1539, auch über Suhl.Meer-Arbeit@arbeitsagentur.de.

Nützliche Medien

&DVDs

Diverse nützliche DVDs u.a. Medien sind erhältlich über www.Aerobictrainer.de (AT) und bzw. oder über den Buchhandel

Body Toning mit Step

Übungen mit Step, Langhantel und Tubes. Die isolierten Bewegungsfolgen können beliebig verknüpft und modifiziert werden, so dass Workouts für Teilnehmer jedes Schwierigkeitsgrades erstellt werden können. Inhalt: 2 Warm Up, 8 Übungen im Stand, 8 Übungen am Boden, Best of Basics, Stretch. 91 min. (AT).

Fit for Help - Finals-Explosion7

16 Choreographie-Einheiten zum Abschluss von Trainingsstunden aus den Bereichen Dance, Step, Jazz, Funk, ReitHouseMoves, Video Dance, HipHop, Fight Kick. 56 min. (AT).

Hip Hop Moves7

Nachvollziehbare Schrittfolgen in 2 Schwierigkeitsgraden. Inhalt: Warm up, Anfänger: 4 Blöcke + 1 Final, Fortgeschrittene: 4 Blöcke + 1 Final, Stretch. 118 min. (AT).

LernOase Prüfungsfragen Fitness-Trainer B-Lizenz

LernOase Weinstadt
50 Seiten schriftliche Prüfungsfragen und Lösungen im Multiple Choice Verfahren und offene freie Fragen, dazu CD-Rom mit Computertest und automatischem Fehlercheck zur Prüfungsvorbereitung.

Fitness für Senioren

Abwechslungsreiches Kraft- und Beweglichkeitstraining. Inhalt: Mobilisierung, Warm Up, Kräftigung, 6 Workout-Sequenzen, Stretch. 136 min. (AT).

Singen & Bewegen

Detlev Jöcker
Bewegungs- und Gute-Laune-DVD (65 min.) zum Mitsingen und –tanzen für Kinder ab 2 Jahren. Mittlerweile existieren mehrere Folge-DVDs und Variationen wie „Singen & Bewegen in der Weihnachtszeit" etc.

Warm Up & Cool Down

DVD mit Warm Ups und Cooldowns für Step-, Dance- und Toningstunden. Amazon.

Audio

Das Abenteuer der Bewegungx

4 CDs mit Feldenkrais-Übungen für mehr Flexibilität. Kösel-Verlag.

Die Beckenuhr, Ulli Jaksch

Feldenkrais-Lektion mit grundlegenden Bewegungsmöglichkeiten des Beckens. Jumbo Neue Medien.

Fit auf der Matte, Ricarda Raschx

Gymnastikprogramm mit 16 Übungen. Airplay Entertainment.

Komm Lass Uns Tanzen-das Beste aus der Kinderdisco, Volker Rosin

20 der beliebtesten Lieder aus Miniclub und Kinderdisco, von „Ki.Ka Tanzalarm" über „Urlaub, endlich Urlaub" bis hin zu „Cinderellas Party" und „Lasst uns heute Freunde sein". Volker Rosin.

Weniger Stress durch Progressive Muskelentspannung, Henrik Brandtx

Kompakte Einführung in das Muskelentspannungstraining nach Jacobson. Henrik Brandt.

Bücher

Rund um Sport

📖 Altengymnastik und kleine Spiele

Renate Beyschlag

Das Handbuch, mittlerweile in 9. Auflage, dient als Anleitung für Übungsleiter in Einrichtungen der Altenhilfe, Begegnungsstätten und Verbänden.

📖 Anatomie des Hatha Yogax

H. David Coulter

Handbuch für Schüler, Lehrende und Yoga-Praktizierende zum Nachschlagen sämtlicher Asanas und deren anatomischer Implikationen. 260 Fotos, 85 anatomische Zeichnungen und ausführliches Glossar.

📖 Anatomie des Stretchings: Mit der richtigen Dehnung zu mehr Beweglichkeit

Brad Walker

Das Lehrbuch stellt die anatomischen Grundlagen des Stretchings mit 114 praktischen Dehnübungen für alle wichtigen Muskelgruppen vor.

📖 Aquatraining - Gesundheitsorientierte Bewegungsprogrammex

Jeanette Hahn & Andreas Hahn

Trainingsprogramme für alle Altersgruppen für die Bereiche Ausdauer, Koordination, Kraft, Beweglichkeit und Entspannung.

📖 Das neue Aerobic-Training

Gunda Slomka, Anke Haberlandt, Chris Harvey, Corinna Michels-Plum

Ideale Struktur einer Trainingseinheit, Kommunikation im Aerobic-Unterricht, Körperhaltung, Schrittvariationen, Herz-Kreislauf-Training und Work-out, Bedeutung der Musik und Planung einer Choreografie.

📖 Gerätefitness: Das Lehrbuch zur Trainer-Ausbildung

Rainer Kersten, Roland Siebecke

Lehrbuch für die Module 1 und 2 der vom Deutschen Turner Bund (DTB) durchgeführten Fitnesstrainer-Ausbildung.

📖 Gymnastik für Senioren

Annick Louvard, Carolin Wiedemeyer

Krafttraining für Senioren mit 330 medizinisch überprüften Übungen zur Linderung von typischen Altersbeschwerden wie Arteriosklerose, Osteoporose, Muskelabbau oder Bluthochdruck.

📖 Gymnastik, Spiel und Sport für Senioren

Schwäbischer Turnerbund
Handbuch für Übungsleiter von Gymnastik, Spiel und Sport für Senioren mit einer Vielfalt von Übungen zur abwechslungsreichen Stundengestaltung.

📖 Handbuch Sportverletzungen – : Prävention. Diagnostik und Therapie. Erste-Hilfe-Maßnahmen

Christian Plesch, Rainer Sieven, Dieter Trzolek
Das Handbuch dient der Prävention, Diagnostik und Therapie von Sportverletzungen. Durch die vielen Bilder erleichtert es das Erkennen von Sportverletzungen und zeigt auch Erste-Hilfe-Maßnahmen auf.

📖 Leistungsphysiologie: Grundlagen für Trainer, Physiotherapeuten und Masseure

Josef Tomasits, Paul Haber
Das Lehrbuch behandelt Grundlagen der Leistungsphysiologie, Training, Leistung, Ausdauer und Kraft.

📖 Personal Training - The Practice Book – Übungsprogramme für die One-To-One-Betreuung im Fitness-Club oder Home-Training...

Jens Freese, Ilias Stergion
Einblick in die Praxis des Personaltrainings. Gute Übungsdarstellungen in Wort und Bild, die auch Anregungen zu Alternativübung enthalten.

📖 Sportanatomie

Thorsten Gehrke, Bernd Gottwald, Stefanie Kleinschmidt, Horst Lichte
Hilft Übungsleitern, Fitness- und vor allem Rückentrainern, Zusammenhänge von Muskulatur, Knochen und Haltungsschäden auch ohne vorherige anatomische Kenntnisse zu verstehen.

📖 Tai Chi für Kinder

Barbara Reik
Spielerische Übungen zur Stärkung von Bein- und Fußmuskulatur, Gleichgewicht und Koordination.

📖 Tai Chi für Senioren – Praktische Übungen für mehr Lebensqualität und Beweglichkeit

Barbara Reik
Speziell auf Senioren ausgerichtetes Trainingsprogramm mit sanften, harmonischen Übungen aus dem traditionellen Yang-Stil.

📖 The Aerobics Instructor's Handbook

Nigel Champion, Greg Hurst

Englischsprachiges Werk zu Aerobic Techniken und Aufbau-Methoden bzw. Stundenkonzeption, das sich direkt an Aerobic-Instruktoren richtet.

📖 **Yoga Body Plan, 34 Komplettprogramme mit den besten 400 Übungen**
Kirsten Hüster
35 Komplettprogramme mit 400 Übungen, Schritt-für-Schritt-Bebilderungen, Vorübungen, Meditationseinheiten und Entspannungsübungen, unterschiedliche Schwierigkeitsstufen.

Rund um Kinder

Alle Medien erhältlich über den Buchhandel.

📖 **Das große Buch der 1000 Spiele**
Hans Hirling
Kennenlern-, Schreib-, Zeichen- und Entspannungsspiele, Spiele für Partys oder Wettkämpfe (z.B. "Mohrenkopf-Wettessen", "Der beste Jodler" oder "Schubkarrenrennen"), Mottospiele, und und und. Mit CD-ROM zum Ausdrucken der Spiele als Karteikarte.

📖 **Das Krippenkinder-Spielebuch**
Brigitte Wilmes-Mielenhausen, Petra Lefin
Spielvorschläge aus den Bereichen Bewegung, Sinneswahrnehmung, Kreativität (Malen, Formen, Werkeln), Sprachförderung, Musik, Rollen- und Umweltspiele, die sich auch mit wenig Vorbereitung und alltäglichen Materialien leicht umsetzen lassen.

📖 **Die 50 besten Gruppenspiele**
Josef Griesbeck
Für alle Altersgruppen und Situationen (zum Rumtoben, zum Ruhigwerden, zum Nachdenken, etc.).

📖 **Die 50 besten Spiele für draußen**
Josef Griesbeck
Spiele zum Rumtoben im Freien aus der Don Bosco MiniSpielothek.

📖 **Die 50 besten Spiele für Unter-Dreijährige**
Katharina Bäcker-Braun
Spiele für Kita, Krippe und Eltern-Kind-Gruppe zur Förderung von Aufmerksamkeit, Fantasie und Forscherdrang.

📖 **Die schönsten Spiele für drinnen und draußen**
Gisela Walter, Sonja Heller

250 Bewegungs- und Ballspiele, Natur- und Geländespiele, Mal-, Schreib, Tanz- und Musikspiele, Sprech- und Denkspiele, Theater und Tanzspiele sowie Finger- , Klatsch- und Fadenspiele.

📖 **Drauflosspieltheater**

Peter Thiesen

Praxis- und Arbeitsbuch für Erzieher, Sozialpädagogen, Lehrer, Jugendgruppen- leiter und Freizeitanimateure mit 350 Spielvorschlägen aus den Bereichen War- ming-up, Scharaden, Pantomime, Stegreif, Theater, Kabarett, Rollenspiele, Plan- spiele, Marionetten-, Schatten- und Maskenspiele, Musik, Hörspiel, Audiovision, Video und Super-8-Film.

📖 **Funky Faces - Abenteuer Gesichtsbemalung**

René Reiche, Carmel Bloxsom, Bruce Collins

Ideenhandbuch mit ausführlicher Schminkanleitung, dank der vielen Bilder auch Quelle der Inspiration und Anleitung zum Kreativ-Sein und Abändern der vorge- stellten Modelle.

📖 **Kritzeln, Schnipseln, Klecksen**

Gisela Mühlenberg

1000 Ideen mit Farbe, Schere und Papier zum Basteln mit Kindern ab 2 Jahren in Spielgruppen, Kindergärten und zu Hause.

📖 **Wir klatschen, singen, tanzen**

Eva Reuys, Hanne Viehoff

Sing- und Spielideen für Ein- bis Dreijährige.

Adressen

Es dürfte nun allen klar sein, dass die Tätigkeit an einem begehrten Urlaubsort, der Kontakt mit vielen Menschen aus aller Welt und Sporttreiben nur eine Facet- te der Gästebetreuung darstellt. Insgesamt handelt es sich um eine anstrengende, fordernde Tätigkeit. Die Zeit als Animateur ist Arbeitszeit. Überstunden sind gang und gäbe. Erholung findet man hinterher im Urlaub ...

Jugendveranstalter und Vereine

Diese Veranstalter tauchen immer wieder auf den Seiten der ZAV auf.

DFJW – Deutsch-französisches Jugendwerk, www.dfjw.org/
Jährlich werden von den Partnern des DFJW ca. 200 Aus- bzw. Fortbildungspro-
gramme für (zukünftige) Verantwortliche der Begegnungsprogramme durchgeführt, in denen diese entweder eine erste allgemeine Einführung in die Pädagogik
der internationalen Jugendarbeit erhalten oder sich mit besonderen Fragestellun-
gen vertieft beschäftigen. Das Jugendwerk veröffentlicht diese offen ausge-
schriebenen Programme jährlich in einer Broschüre.

RUF, www.ruf.de
Jugendreisen, Hotel-, Club-, Camping- und Rundreisen ins europäische Ausland
für junge Leute zwischen 14 und 21 Jahren und Reisen für Kinder zwischen 10
und 15 Jahren.

**Arbeitsgemeinschaft der Evangelischen Jugend e.V.,
www.evangelische-jugend.de**
Internationale Jugendleiter werden bei ihrer Arbeit unterstützt.

**Europa-Direkt e.V. Dresden,
www.sprachensommer.eu, www.europa-direkt.com**
Suchen für Sommerprojekte und kulturelle Begegnungen in Zusammenarbeit mit
dem Deutschen Sozialwerk in Frankreich (www.entraide-allemande.org) immer
wieder Teamer.

**Gesellschaft für übernationale Zusammenarbeit e.V.,
www.guez-dokumente.org**
Ausbildung zum Gruppenleiter bzw. Animateur deutsch-französischer Jugend-
begegnungen (theoretischer und praktischer Teil).

Gustav-Stresemann-Institut e.V., www.gsi-bonn.de
Trinationale Fortbildungsseminare zur Qualifizierung als Teamer bzw. Animateur; binationale Seminare für Fremdsprachassistenten in der Ausbildung; trinationale Workcamps zur Sensibilisierung von Jugendlichen für Umweltfragen.

IKAB-Bildungswerk e.V., www.ikab.de
Deutsch- und englischsprachige Trainingskurse für Jugendbetreuer.

Integrationswerk RESPEKT e.V., www.respekt-berlin.com
Seminare zur Qualifizierung als interkultureller Begleiter der Kinder- und Jugendarbeit.

Interkulturelles Netzwerk, www.interkulturelles-netzwerk.de
Internationale Grundausbildungen zum Teamer für interkulturelle Begegnungen, Seminare zu Methoden mit Relevanz für interkulturelles Lernen und Seminare zu aktuellen Themen des interkulturellen Feldes.

Internationaler Bund e.V. (IB), www.internationaler-bund.de
BAFA- und JuLeiCa-Ausbildung.

Jugendbildungszentrum Blossin e.V., www.blossin.de
Fort- und Weiterbildungen im internationalen und interkulturellen Kontext für Mitarbeiter der Kinder- und Jugendarbeit.

Transfer e.V., www.teamertage.de/
Trainingsseminare für Jugendreisen und Internationale Begegnungen (TIB), TeamerTage.

VIA Regionalverband Berlin-Brandenburg, www.via-in-berlin.de
Berufsorientierung und Freizeitgestaltung für Jugendliche, Fortbildung von Lotsen bzw. Vermittlern zwischen verschiedenen Gruppen.

Fortbildungen

Die folgenden Institutionen bieten vier- bis zehntägige Fortbildungen für Sprachanimateure an, die mindestens 18 sind, beide Sprachen gut beherrschen und Erfahrung im deutsch-französischen Jugendaustausch aufweisen:

Arbeiterwohlfahrt Bundesverband e.V., Arbeitsgemeinschaft Evangelische Jugend (AEJ), Bund deutscher PfadfinderInnen (deutsch-französisches Büro), Deutsches Sozialwerk in Frankreich, Gesellschaft für übernationale Zusammenarbeit e.V., Interkulturelles Netzwerk, Internationaler Bund e.V. (IB) – Ausbildungszentrum, Landessportbund Rheinland-Pfalz. Adressen s.o.

IJGD – Internationale Jugendgemeinschaftsdienste; organisiert regelmäßig Workcamps im In- und Ausland in den Bereichen Umwelt- und Naturschutz, Kunst und Kultur, Renovierung & Sanierung, Kulturhistorischer und Sozialer & Pädagogischer Bereich. Ein Einsatz als Gruppenleiter wird von vielen Ausbildungsstätten, Fachhochschulen und Unis als pädagogisches Praktikum anerkannt. Die Campleiter (zwei pro Projekt) fungieren als Ansprechpartner für die Gruppe, für das zuständige ijgd-Büro und für die Projektpartner. In einem Pflicht-Ausbildungsseminar werden künftige Leiter auf ihren Einsatz vorbereitet; Seminarinhalte sind: Fragen der internationalen Jugendarbeit, Rolle der Freiwilligenarbeit in den Workcamps, Selbstorganisation, Soziales Lernen, Ökologi-

139

sches Lernen, Emanzipation der Geschlechter, Rechtsfragen (Aufsichtspflicht etc.), organisatorische Abwicklung, Gruppenspiele und andere Methoden der Jugendarbeit, Informationen über Workcamps, Selbstverständnis und Rolle des Campleiters. Die Ausbildungsseminare sind bezuschusst, kosten jeden Teilnehmer aber noch 85 €. Kosten für Unterkunft und Verpflegung übernimmt der ijgd. Nach erfolgreicher Absolvierung des Ausbildungsseminars kann man – vorausgesetzt, man hat auch einen Erste-Hilfe-Kurs besucht – die JuLeiCa beantragen. Das Jahresprogramm der Workcamps ist ab Mitte Januar im Netz zu finden. Anmeldung über das ijgd-Leitungsreferat in Bonn. Näheres unter www.ijgd.de.

Veranstalter / Club-Ketten

Deutschland

- Aldiana, AMC, www.aldiana-karriere.de, www.aldiana.de
- alltours flugreisen, www.alltours.de
- Camps International, www.camps.de
- Club Aktiv, www.club-aktiv.de
- Frosch Sportreisen, www.frosch-sportreisen.de
- Hapimag, www.hapimag.com
- Kontaktours, www.kontaktours.com
- Natours Reisen, www.natours.de
- Rainbow Tours, www.rainbowtours.de, z.Zt. des Besuchs in Bearbeitung
- Renatour, www.renatour.de
- REWE Touristik, www.rewe-touristik.com
- Robinson Club, https://jobs.robinson.de
- Rückenwind, www.rueckenwind.de
- Ski & Surf Company, www.ski-surf.com
- stadt land fluss Gruppen und Studienreisen, www.stadtlandfluss.de
- Sun and Fun Sportreisen, http://www.sunandfun.com/sports
- TSC Jugendreisen, www.jugendreise.de
- TUI, www.tui-animation.de
- Vamos, www.vamos-reisen.de

Österreich

- Magic Life, www.magiclife.com
- Ya! young austria, www.youngaustria.com, www.camps.at

Schweiz

- Contiki, http://ie.contiki.com

- M-Travel Switzerland, www.hotelplan-suisse.ch/de/
- Thomas Cook, www.thomascookservice.ch/animation.php

Großbritannien

- Camp Beaumont Day Camps, www.campbeaumont.com
- Monarch, www.monarch.co.uk/jobs
- Exsportise International Ltd, www.exsportise.co.uk
- Interski, www.interski.co.uk
- PGL, www.pgl.co.uk
- Pontins, www.careers-pontins.com

Frankreich

- Club Méditerranée: http://www.clubmed.de
- Look voyages, www.look-voyages.fr
- Sans Frontières, www.sans-frontieres.fr
- Vacances Evasion - Vaceva, www.vaceva.com
- Village Camps, www.villagecamps.com

Italien

- Alpitour World, www.alpitourworld.com
- Valtur, www.valtur.it

Spanien

- Hotel Grupotel Aldea, www.grupotel.com
- H10 Hotels, www.h10hotels.com
- Insotel Hotel Group, www.insotelhotelgroup.com
- Iberostar Hotels and Resorts, www.iberostar.com

Agenturen

Italien

- A. Equipe srl, www.aequipe.it
- Accenta Eventagentur, www.accenta.biz/cms/front_content.php. Flashver-
  seuchteSeite, am besten über http://www.aequipe.it/index3.html gehen, ste-
  fano@aequipe.it
- Art & Show S.r.l, www.art-show.it
- Concorde VR., www.concordevr.com
- Consorzio agOrà Soc. Coop., www.consorzioagora.it

- Eventi Animazione, startup@eventionline.com, eventionline.com
- Freeway Sas - Servizi Turistici, www.eventifreeway.it
- Full Time Animazione & Spettacolo, www.fulltime1989.it
- Gruppo Giangi Animation, www.giangianimation.it
- GSAclub animazioni villaggi vacanze , www.gsaclub.com, z.Zt. des Besuchs nicht erreichbar

Spanien

- ACTTIV Leisure, www.acttiv.net, Bewerbung über www.animajobs.com
- Animation Tourism Service s.c., www.animationtourism.com
- Animateuragentur Babett Lindner, www.animateuragentur.de
- Colors Animazione, http://users.libero.it/manganto/
- Fiesta Consulting, www.fiestaconsulting.com

Großbritannien

- Cornucopia Club Ltd, www.cornucopiaclub.co.uk

Schweiz

- Smile PROductions GmbH, www.hotelanimation.crazy-company.com

Hotels

Hotels mit mehreren Häusern.

Griechenland

- Sani Beach Resort, sbhentertainment@saniresort.gr, www.sani-resort.com/de_DE

Italien

- Località Trivento, info@trivento.it, www.trivento.it

Spanien

- Valentin Hotels, vhrrhh@valentinhotels.com, www.valentinhotels.com/de/

Campingplätze

Deutschland

- Campingplatz Am Hohen Hagen, camping.lesser@t-online.de, www.campingplatz-dransfeld.de
- Eurocamp, www.eurocampjobs.de
- Happy Family Animation, news@happy-family-animation.de, www.happy-family-animation.de

Italien

- Holiday Village Florenz, info@campingflorenz.com, www.campingflorenz.it
- Summertime, Robert van den Berg, info@summertime.org, www.summertime.org

Spanien

- Camping El Astral, info@campingelastral.com, www.campingelastral.com
- Camping Internacional La Marina, info@campinglamarina.com, www.campinglamarina.com
- Camping Las Dunas, info@campinglasdunas.com, www.campinglasdunas.com

Diverse Länder

- Horizonte Reisen,, residence@horizonte-reisen.de, claudia.drobny@horizonte-reisen.de

Freizeitparks

Deutschland

- allrounder reisen & sport, skischuleallrounder.de, www.allrounder.de
- Erholungszentrum SchiederSee, bewerbung@schiedersee.de, www.schiedersee.de
- Europa-Park, info@europapark.de, www.europapark.de
- Fränkisches Wunderland, info@wunderland.de, www.wunderland.de
- Freizeitpark Hardt, info@freizeitpark-hardt.de, www.freizeitpark-hardt.de
- Heide-Park Soltau, www.heide-park.de
- Holiday Park GmbH, info@holidaypark.de, http://holidaypark.de
- Legoland, jobs@legoland.de, www.legoland.de

- Minopolis Kinderveranstaltungs GmbH, bewerbung@minopolis.at, www.minopolis.at
- Movie-Park, www.movieparkgermany.de
- Skyline Park, info@skylinepark.de, www.skylinepark.de
- Tiki Kinderland, info@tiki-kinderland.de, www.tiki-kinderland.de
- Tripsdrill Erlebnispark, gruppen@tripsdrill.de, www.tripsdrill.de

Frankreich

- Disneyland Paris Casting, http://disneylandparis-casting.com

Großbritannien

- Great Adventures, info@grafham-water-centre.co.uk, www.grafham-water-centre.co.uk

Spanien

- Universal Mediterranea, amigos@portaventura.es, www.portaventura.es

Schweiz

- Aquaparc, sharky@aquaparc.ch, www.aquaparc.ch
- Connyland, info@connyland.ch, www.connland.ch

Kreuzfahrten – Auf See und auf Flüssen

Diese Adressen werden hier etwas ausführlicher abgehandelt, weil die meisten Interessenten die vielen Möglichkeiten "auf dem Wasser" gar nicht im Blickfeld haben.

A-ROSA Kreuzfahrten auf Flüssen,
Kasernenstr. 92, CH-7000 Chur, jobs@a-rosa.de, www.a-rosa.de
Mitarbeiter für Gästebetreuung und Animation auf 9 Schiffen, die auf Donau, Rhône und Rhein verkehren. Gestaltung des Tages- und Abendprogramms, Unterstützung bei An- und Abreise der Gäste, bei der Abwicklung der Ausflüge und beim Ausflugsverkauf sowie im Bordshop. Anforderungen: abgeschlossene Berufsausbildung oder (Fach-) Hochschulabschluss, sehr gute Moderationsfähigkeit, gerne Erfahrung als DJ, ein sicheres Auftreten und sehr gute Sprachkenntnisse (insb. Deutsch, Italienisch, Englisch), ferner Spaß im Umgang mit Menschen jeder Altersklasse.

AIDA, SeeLive Tivoli,
Entertainment & Consulting GmbH, Seilerstr. 41-43, 20359 Hamburg,
T. 040 30 23 9-0, F. 040 30 23 9-111, info@aida.de, www.aida.de
Zusammenschluss der Unternehmen Schmidts Tivoli und Seetours. Entwickelt, koordiniert und realisiert Entertainmentprogramme und sorgt seit Jahren fürs Entertainment auf Seetours-Schiffen.
AIDA Animation/ AIDA Backstagebereich Theater (Ton- Licht- und Bühnentechniker)/ A'ROSA Flussschiff-Entertainer, Solisten und Ensemble Darsteller (Allrounder) für die Show-Ensembles, Bands und Musiker sowie Leute für den gesamten Servicebereich, s. auch Air-Sea Holiday.
Mailadressen animation@seelive.de, theater@seelive.de, bands@seelive.de

Basa Productions,
Friars Court, Retford DN22 6JY, UK, T. 0044 8452302272, info@basaproductions.com, www.basaproductions.com
Personal für die Shows auf Kreuzfahrten gesucht: Musiker, DJs, Sänger, Tänzer, Schauspieler, etc.

Bramson Entertainment Bureau, Inc.,
630 Ninth Ave., Suite 203, New York, NY 10036, USA, T. 001 212 2653500,
F. 001 212 2656615, info@bramson.com, www.bramson.com
Gesucht werden professionelle Komiker, Jongleure, Zauberer, Tänzer, Musiker, Stimmenimitatoren, Marionettenspieler, Bauchredner u. A. Wer bereits ein eigenes Programm oder eine eigene Show zusammengestellt hat, schickt ein Bewerbungsvideo an o.g. Adresse.

Cabaret World,
Artistic Director, PO Box 46288, London W5 5WZ, UK, T. 0044 8701998492 (Administration), T. 0044 7726 520283 (Production), F. 0044 7092342376,
admin@cabaret-world.co.uk, www.cabaret-world.co.uk
Beim letzten Besuch nicht erreichbar.
Neben Theatern, Hotels und Casinos stellt die Agentur auch Personal für Kreuzfahrten, hauptsächlich Sänger, Tänzer, Musiker, Komiker, Akrobaten und sonstige Unterhaltungskünstler.

Cast-a-Way Cruise and Resort Hiring Agency,
T/F. 0044 1204655504, info@cast-a-way.co.uk
Die kanadische Agentur hat eine Zweigstelle in Großbritannien und sucht laufend Kreuzfahrtpersonal, u. a. Animateure, Rezeptionisten, Verkäufer, Barkeeper, Fotografen, Filmcrew, Physiotherapeuten und Masseure, Visagisten, u. A.

145

Alle Bewerber müssen mindestens 21 Jahre alt sein, fließend Englisch sprechen und einen gültigen Pass besitzen; je nach Position werden weitere Kenntnisse und Fähigkeiten vorausgesetzt. Die Verträge laufen normalerweise auf 6 Monate.

Celebrity Cruises,
Rossmarkt 23, D-60311 Frankfurt am Main, T. 069 9 20 07 10, info@celebrity-cruises.com, www.celebritycareersatsea.com
Stellen sind unter „Job Opportunities, Enterteainment" gelistet. Wer seine E-Mail-Adresse einträgt, erhält regelmäßig Benachrichtigungen über aktuelle Stellenausschreibungen.

Connect Worldwide Recruiting Agency,
Daniela Fahr, Im Timeport 3, Warkhausenstr. 4, 27658 Bremerhaven, T. 0471 92 68 97 30, dfahr@connectjobs.de, www.connectjobs.de
Personalvermittlung der Kreuzfahrt-Industrie. Animateure organisieren Aktivitäten für die Passagiere, z.b. Poolspiele oder Quizabende, und begleiten diese auf Ausflüge. Bewerber müssen sehr aufgeschlossen sein und bereits über Erfahrung in der Animation verfügen. Fließende Englischkenntnisse sind zwingend; alle weiteren Fremdsprachenkenntnisse ein Plus. Bewerbung über Onlineformular.

Cruise Job Line, LLC,
P.O. Box 1231, Wilmington, DE 19899, USA, apply@cruisejobline.com, www.cruisejobline.com
Gesucht werden Barkeeper, Hostessen, Fotografen, Croupiers, Friseure, u. A. Interessenten senden Anschreiben und Lebenslauf (mit aktuellem Foto) an o.g. E-Mail-Adresse.

Cruisevision TV,
Elbchaussee 126, 22763 Hamburg, AP Christian Paulick, Mirko Berloge, T. 040 39 80 46-0, F. 040 39 80 46-20, info@cruisevision.tv, www.cruisevision.tv
Keine Animateure, aber Mitarbeiter für das Bordfernsehen und die Licht- und Bühnentechnik an Bord diverser Schiffe gesucht.

CSM Columbia Shipmanagement,
Cruise Services GmbH, Große Elbstraße 275, 22767 Hamburg, AP Monika Wagener, Kerstin Marschhausen, T. 040 36 13 04-290, -300, F. 040 36 13 04-880, seajobs@csm-d.com, www.csm-d.com
Vermittlung von Stellen auf Kreuzfahrtschiffen der Reedereien Transocean Tours und Hapag-Lloyd Kreuzfahrten. Das englischsprachige Internetportal listet Jobbeschreibungen und aktuelle freie Stellen auf.

CUNARD,
Brandsende 6-10, 20095 Hamburg, T. 040 415 33-0, F. 040 415 33-401,
job@cunard.co.uk, www.cunard.de/jobs/
Alle erdenktlichen Stellen im Entertainment auf den Kreuzfahrtschiffen.

Disney Cruise Line,
Jobonship – Germany, Maillingerstraße 32, 80636 München, T. 089 23 51 59
03, F. 089 19 00 60 55, dclrecruiting@jobonship.com, www.jobonship.com
Stellt Mitarbeiter ein, die über 21 sind, fließend Englisch sprechen, einen Pass und ein C1/D-Visum für die USA besitzen, sich für mindestens sechs Monate verpflichten und willens sind, eine Siebentagewoche à 70 h durchzuarbeiten. Arbeitserfahrung von mindestens zwei Jahren erwünscht.

Elaine Avon Artiste Management & Agency,
Montage, 127 Westhall Road, Warlingham, Surrey CR6 9HJ, U.K., T. 0044
1883622317, F. 0044 1883627478, elaineavon@btinternet.com,
www.elaineavon.com
Jederzeit werden professionelle Künstler eingestellt, bspw. Sänger, Komiker, Musiker, Jongleure, Bauchredner, Pianisten, Zauberer, Marionettenspieler oder Tänzer. Die Bewerbung sollte ein Video im NTSC- oder PAL-Format beinhalten.

First Class Entertainment,
Attn: New Talent Department, 483 Ridgewood Road, Maplewood, NJ
07040-2136, USA, http://gotofirstclass.com/
Gesucht wird vor allem professionelles künstlerisches Personal, also Komiker, Sänger, Parodisten, Jongleure, Bauchredner, Musiker, etc. Interessenten bewerben sich mit einer DVD oder einer Videokassette im NTSC-Format, einem Foto von 8 auf 10 inch, einem Lebenslauf und ggf. einer Liste von Liedern bzw. einer Musik-CD oder –kassette.

Künstlermanagement von Hansa Kreuzfahrten,
Uwe Kanthak, Rathenaustr. 33, 63067 Offenbach, T. 069- 6986 760, F. 069
6986 7666, info@kuenstlermanagement.de, www.kuenstlermanagement.de
Kreuzfahrten mit maximal 650 Gästen an Bord, ungezwungene Atmosphäre, Bordsprache Deutsch. Routen: Ostsee, Nordland, Mittelmeer, Mittelmeer mit Schwarzem Meer, Mittelmeer mit Kanaren, Karibik, Mittel- & Südamerika, Flussreisen, Rund um Westeuropa, Karibik – Hamburg, Kanaren & Westeuropa, England – Irland – Schottland, Antarktis.

MSC Kreuzfahrten (Austria) GmbH,
Mariahilfer Straße 103/3/2, A-1060 Wien, T. +43 1 545 91 00-0, F. +43 1 545
91 00-33, msc@msckreuzfahrten.at, www.msckreuzfahrten.at
Gesucht werden extrovertierte Animateure, denen es Spaß macht, neue Freunde
zu treffen. Stellenangebote sind auf der Webseite ausgeschrieben; die Bewerbung erfolgt über ein Onlineformular.

nicko tours,
Mittlerer Pfad 2, 70499 Stuttgart, T. 0711 248980-0, F. 0711 248980-77, in-
fo@nicko-tours.de, www.nicko-tours.de
Gesucht werden immer wieder Kreuzfahrtleiter und Assistenten derselben, die
für Ausflugsorganisation und -begleitung, Gästebetreuung, Erstellung der Tages-
programme, Gästebetreuung (auch Socializing am Abend), das Animations- und
Unterhaltungsprogramm sowie die Administration zuständig sind. Erwartet wird
Berufserfahrung oder Studium im touristischen Bereich von den sportlichen,
kommunikativen und belastbaren Bewerbern, außerdem Sprachkenntnisse (mind.
Englisch) und ein Alter ab 23 Jahren.

Openwide International Group,
24/26 Arcadia Avenue, Finchley, London, N3 2JU, United Kingdom, T. 0044
2083497195, F. 0044 2083497197, contact@openwideinternational.com,
www.design-attractions.com
Internationale Agentur, rekrutiert vor allem Personal aus dem künstlerischen
Bereich (Sänger, Tänzer, Akrobaten).

Peter Deilmann Reederei GmbH & Co. KG,
Personalabteilung Schiffe, Am Holm 25, 23730 Neustadt in Holstein, T.
04561 396-0, F. 04561 396-121, www.deilmann-kreuzfahrten.de
Gesucht werden immer wieder: Reiseleiter, Kinderbetreuer, Rezeptionisten, Barkeeper, Programmassistenten, Hostessen, Fitnesstrainer, etc.

Phoenix Seereisen,
Pfälzer Straße 14, D-53111 Bonn, T. 0228 72 62 8.59, in-
fo@phoenixreisen.com, www.phoenixreisen.com
Gesucht werden Reiseleiter und Animateure. Vermittlung durch seachefs.

sea chefs Cruises Worldwide GmbH,
Ruessenstr. 12, CH-6340 Baar /ZG, T. 0041 (0) 41 544 15 - 08, F. 0041 (0)41
544 15 - 09, CH@seachefs.com, www.seachefs.com
Gesucht werden: Reiseleiter, Kinderbetreuer, Host, Landausflugsmanager.

TEDquarters, 23-24 Titan Court,
Laporte Way, GB-Luton, Bedfordshire LU4 8EF, T. 0044 1582488888, F.
0044 1582488877, www.teduk.com
Neben Freizeitparks und Hotelanlagen stellt die Agentur auch Personal für Kreuzfahrten; Castingdirektor ist Alex Kennedy, T. 0044 1582540137, alex.kennedy@teduk.com.

the agency excellent entertainment ltd,
Suites 2-5, The Business Centre, 120 West Heath Road, London NW3 7TU,
T. 0044 2084584212, T. 0044 2084584572, F. 0044 8717151393, thea-
gency@excellententertainment.biz, www.excellententertainment.biz
Neben einer Vielzahl von Jobangeboten für professionelle Künstler (Sänger, Musiker, Bands, Zauberer, Akrobaten, etc.) auch Stellen für Animateure und Hostessen.

Viking River Cruises,
Viking Catering AG, Human Resource Departement, Schäferweg 18, CH-
4057 Basel, T. +41 61 638 60 60, F. +41 61 638 60 80, of-
fice@vikingrivercruises.com, www.vikingstaff.com
Für Flusskreuzfahrten auf Rhein, Main, Mosel, Donau, Elbe sowie Rhône/Saône und Seine werden immer wieder Mitarbeiter gesucht, die sich um den Gästebetreuungs- und Entertainmentbereich auf dem Schiff kümmern. Sehr gute Englischkenntnisse sind unerlässlich.

Sonstige Adressen

Animationsvorbereitung und Kurse

FROG Entertainment e.K.
info@frog-entertainment.de, www.frog-entertainment.de
Workshops und Schulungen für Animateure, Reiseleiter und Gästebetreuer. Die ehemalige www.anischool.de von Frog wird z.Zt. neu erstellt.

Webadressen

Zentralstelle für Arbeitsvermittlung – ZAV, www.arbeitsagentur.de
Ferienclubs suchen Animateure, Kinderbetreuer, Köche, Discjockeys u.Ä. Ebenso gesucht sind Reiseleiter, Sportlehrer und Rezeptionisten. Gelistet wird eine

Reihe von Veranstalter, die in der Vergangenheit immer wieder über die ZAV suchten.

www.aerobic-company.de/forum
Im Unterforum "Choreographien" findet sich ein riesiges Text-Archiv mit über 1000 Aerobic- und Step-Kombis (gratis).

www.aerobic-moves.de
Internet-Portal mit Choreographie-Videos zum Runterladen.

AniWorld, www.animateure.de
Internetportal für Animateure, Reiseleiter und Hotelfachleute und für die, die es werden wollen. Hier kann man sich kostenlos anmelden und Informationen rund um das Thema abfragen. Bekannte Reiseveranstalter und Hotels wie Robinson, Club Med, TUI oder alltours schreiben hier ihre aktuellen Stellen aus. Über einen Zugang kann man sich online bewerben.

www.fitmoves.com
Viele Choreographien in Text- und Videoform (gratis).

Hotelanimateur, www.hotelanimateur.de/
Zur Zeit des letzten Besuchs nicht erreichbar.
Informationen zur Tätigkeit eines Animateurs, Stellenmarkt und Forum.

Kinderdisco, www.kinderdisco.de
Onlineshop mit vielen CDs für Kinderanimateure

Kreuzfahrtjobs, www.kreuzfahrtjobs.de
Rund um das Leben und Arbeit auf Kreuzfahrtschiffen, reges Forum.

Notfallmedizin, www.notfallmedizin.de
Liste von Kursanbietern des *Erste-Hilfe-Scheines*

Stepcenter, www.stepcenter.com
Animiertes Schrittlexikon und umfangreiche Choreographie-Datenbank.

Turnstep, www.turnstep.com
Riesige Datenbank von Choreographien, alle auf Englisch. Letzte Einträge allerdings von 2011.

Allgemeine Stellenbörse Gastronomie, Hotellerie:
150

CGE Hotelfachvermittlung,
Claus G. Ehlert, Rettiner Weg 66, 23730 Neustadt, T. 04561 52 63 86, F.
04561 52 63 87, info@cge.de, www.hoteljob-international.de
Stellenbörse zur Hotellerie und Gastronomie.

Rolling Pin,
M.V. Medienconsulting & VerlagsgmbH,
Reininghausstr. 13a, A-8020 Graz, T. 0043 (0)316 584946-0, F. 0043 (0)316
584946 19, office@rollingpin.at, www.rollingpin.de
Stellenmarkt für Hotellerie, Gastronomie und Kreuzfahrt.

Job-Hotel,
Brunskrogweg 22, 22397 Hamburg, T. 040 4143 12 944 - 0, F. 040 4143 12
944 - 9, info@job-hotel.eu, www.job-hotel.eu
Job- und Karriereportal für Hotellerie, Gastronomie, Tourismus & Kreuzfahrt
Auch bei der ZAV gelistet.

hogast Einkaufsgenossenschaft für das Hotel- und Gastgewerbe,
Pannzaunweg 1a, A-5071 Wals / Himmelreich, T. 0043 662 8963-0, F. 0043
662 8963-90, office@hogast.at, www.hogastjob.com
Tourismus Jobportal für Österreich, Deutschland und Südtirol.

Hotelcareer, www.hotelcareer.de
Stellenbörse und Forum.

Index

BUCHTIPP

AUSLANDSREISEVERSICHERUNG FÜR WORKING-HOLIDAY-MAKER, AUPAIRS, ANIMATEURE, SPRACHSCHÜLER U.A. LANGZEITREISENDE

Bei einem Aufenthalt im Ausland wird ein sinnvoller Versicherungsschutz nötig. Die Versicherung hier sollte keinesfalls gekündigt werden, sondern nur ruhen, denn würde man krank zurückkehren, so würde keine Versicherung einen aufnehmen wollen.

In Zusammenarbeit mit einem Versicherer bieten wir eine auf die Bedürfnisse von Langzeitreisenden zugeschnittene Lösung.

Beim Zeitraum läßt es sich bis zu zwei Jahren Auslandsaufenthalt wählen. Typische Kunden sind neben Working-Holiday-Reisenden, Animateuren, Aupairs, Sprachschüler, Studenten, Praktikanten, nicht entsandte Arbeitnehmer im Ausland und Langzeiturlauber. Besonderheit: auch bei Unterbrechung des Auslandaufenthaltes ist man abgesichert.

Wer z.B. seinen Auslandsaufenthalt unterbricht, um beispielsweise zu Weihnachten daheim zu sein oder seine Reise vorzeitig beenden muß, dem werden unkompliziert und ohne die Berechnung einer Bearbeitungsgebühr, alle überzahlten Beiträge erstattet.

Unterlagen bitte per Mail oder schriftlich anfordern.

interconnections, Schillerstr. 44, 79102 Freiburg
Tel. +49 761 700 650, Fax +49 761 700 688
vertrieb@interconnections.de   www.interconnections.de